Die Bedeutung von Erich Fromm für die Gegenwart

Rainer Funk im Gespräch mit Hamid Lechhab

Zum 80. Geburtstag von Rainer Funk
am 18. Februar 2023

Den Mitgliedern der
Internationalen Erich-Fromm-Gesellschaft gewidmet,
deren Mitbegründer Rainer Funk 1985 war
und deren Ehrenvorsitzender er seit 2019 ist.

Die Bedeutung von Erich Fromm für die Gegenwart

Rainer Funk im Gespräch mit Hamid Lechhab

ZEUYS
BOOKS

Inhalt

Vorwort

Das Interesse am wissenschaftlichen und am humanistischen Denken und Werk von Erich Fromm ist auch über 40 Jahre nach seinem Tod ungebrochen. Im Gegenteil, es fängt in manchen Regionen der Erde gerade erst richtig an, wie etwa in den arabisch sprechenden Ländern oder in der Volksrepublik China, wo es derzeit geradezu einen Fromm-Boom gibt – ähnlich dem, den es in Europa in den 1970er und 1980er Jahren gab. Aber auch in Ländern wie den USA, in denen Fromms Denken über Jahrzehnte nur noch in akademischen Zirkeln diskutiert wurde, ist eine kleine Fromm-Renaissance zu beobachten. Die aktuelle politische Lage bringt dort nicht nur Wissenschaftler, sondern auch Politiker und Journalisten dazu, an Fromms Friedenspolitik und an humanistische Antworten auf die Herausforderungen unserer Tage zu erinnern.

Wie aktuell die Frage der individuellen Freiheit ist, die sich wie ein roter Faden durch das Werk von Erich Fromm zieht, kann man besonders eindrücklich in den arabisch sprechenden Ländern beobachten. In Marokko, meinem Heimatland, gibt es schon einige Jahrzehnte ein gesteigertes Interesse an Erich Fomm; inzwischen scheint Fromm aber zu einem «öffentlichen Wissenschaftler» geworden zu sein.

Wie sonst lässt sich erklären, dass ich im Januar 2022 von der marokkanischen Tageszeitung *Al Massaae* (Casablanca) angefragt wurde, den Leserinnen und Lesern dieser großen Zeitung einen Überblick über das Leben und Werk von Erich Fromm möglich zu machen. Die Idee war, an 23 Tagen im April 2022 jeweils ganzseitig in einer Interviewserie Leben und Werk von Erich Fromm sowie seine Bedeutung für die Gegenwart vorzustellen.

Mein erster Gedanke war, für eine solche Interviewserie Rainer Funk anzufragen, der auch bald zusagte. Ich habe ihn in den vergangenen Jahrzehnten bei verschiedenen gemeinsamen Veranstaltungen in Marokko und in Österreich als jemanden kennengelernt, der nicht nur mit dem Leben und Werk von Fromm bestens vertraut ist, sondern auch versucht, das sozialpsychologische Denken Erich Fromms zu aktualisieren. So habe ich nicht nur Schriften von Erich Fromm ins Arabische übersetzt, sondern auch die Bücher von Rainer Funk. Es war mir deshalb auch ein Anliegen, ihn auch bezüglich seiner Aktualisierung von Erich Fromm hin zu befragen.

Auf die insgesamt 100 Fragen, die ich in dieser Interviewserie gestellt habe, schrieb Rainer Funk innerhalb von vier Wochen die Antworten. Die gesamte Serie wurde dann tatsächlich – wie geplant – in AL MASSAAE zwischen dem 4. und 28. April 2022 veröffentlicht. (Inzwischen ist sie auch beim jordanischen Verlag Khotot wa Dilal, Amman, als Buch erschienen.)

Es freut mich, dass der Verlag Zeuys diese Interviewserie nun auch in der deutschen Originalsprache aus Anlass des 80. Geburtstags von Rainer Funk allen zugänglich macht, die an der Bedeutung von Erich Fromm für die Gegenwart interessiert sind.

Feldkirch, 1. Dezember 2022
Hamid Lechhab

1

Rainer Funk und sein Weg zu Erich Fromm

Hamid Lechhab: Würden Sie kurz selbst beschreiben, wie Sie zu Erich Fromm kamen?

Rainer Funk: Ja, gerne. Als Schüler eines humanistischen Gymnasiums in der süddeutschen Stadt Stuttgart war ich eigentlich fest entschlossen, Medizin zu studieren. Aufgewachsen mit fünf Geschwistern in einer sich zum Katholizismus bekennenden Familie, faszinierte mich die Idee des Helfens und der Wunsch, etwas bewirken zu können.

Aber auch die großen geschichtlichen Sinnentwürfe fanden mein Interesse. So waren lange Zeit nicht nur medizinische Lexika meine bevorzugte Lektüre, sondern auch Teilhard de Chardin und seine von der Evolutionstheorie geleiteten Forschungen über die Stellung des Menschen im Kosmos. Das humanistische Gymnasium verstand unter Humanismus vor allem das Lernen der Sprachen Latein und Griechisch, während die Aufbruchsstimmung, die vom Humanismus der Renaissance und der Aufklärung ausging, keine so große Rolle spielte.

So seltsam es 60 Jahre später klingen mag: Die für einen Jugendlichen so wichtige Aufbruchsstimmung innerhalb der Gesellschaft war für mich sehr viel deutlicher in der Jugendarbeit der Katholischen Kirche spürbar. Hier spielte nicht nur das soziale Engagement eine große Rolle; die Theologie und die Bibelforschung stellten so gut wie alles in Frage, was die Tradition dieser christlichen Religion für unantastbar hielt. Es war die Zeit des Zweiten Vatikanischen Konzils (1962–1965), die große Hoffnungen auf fundamentale Veränderungen weckte. Diese Erfahrung führte schließlich dazu, dass ich mich kurz vor dem Abitur im Jahr 1964 dazu entschloss, in Tübingen Philosophie und Theologie zu studieren.

Erzählen Sie uns von Ihrem Studienbeginn in der Theologie!

Die damals fast 500 Jahre alte Universitätsstadt Tübingen hat viele berühmte Theologen und Philosophen hervorgebracht, unter ihnen Hegel und Schelling. An beiden theologischen Fakultäten lehrten zum Teil weltweit bekannte Theologen. Bei den katholischen Theologen waren es vor allem Hans Küng und der spätere Papst Josef Ratzinger, die zu meinen Lehrern gehörten; bei den evangelischen Theologen war es vor allem Ernst Käsemann. Er war berühmt dafür, die Aussagen der Bibel von ihrem zeitbedingten mythologischen Gehalt zu lösen, um auf diese Weise ein historisch-kritisches und neues Verständnis der Bibel zu ermöglichen.

Ich fand Gefallen an dieser Theologie, die sich nicht scheute, in einen wirklichen Dialog mit den Naturwissenschaften, aber auch zum Beispiel mit der Psychologie zu treten. Mich beschäftigte in zunehmendem Maße die Frage, aus welchen Gründen Menschen an bestimmte Dinge wider alle Vernunft glauben oder warum ihr Denken so anders ist als ihr faktisches Verhalten. Kurzum: Mich interessierte das Widersprüchliche, was sicher mit jenen Widersprüchen zu tun hatte, die sich in mir selbst bildeten, ohne dass ich sie wirklich hätte zugeben können.

Woran merkten Sie dies schließlich und wie veränderte sich dadurch Ihr Studium?

So spannend das neue Verständnis der Bibel war, mein Interesse galt immer mehr ethischen und psychologischen Fragen. 1967 kam Alfons Auer, ein Theologischer Ethiker von Würzburg nach Tübingen, wegen dem ich 1966 schon für ein Semester nach Würzburg zum Studium gegangen war. Er vertrat eine sogenannte «Autonome Moral», bei der ethische Normen und Entscheidungen ausschließlich vernunftgeleitet sind bzw. sein sollen. Das Besondere einer christlichen Ethik zeige sich – so Auer – nur im Sinnhorizont, also bei der Begründung ethischen Handelns.

Eine solche Ethik hatte Befreiungspotenzial, weil nicht mehr galt, was die Autorität in Gestalt von Tradition und kirchlichem Lehramt sagte, sondern was die Vernunft gebot. Auf diese Weise ließen sich alle irrationalen Schuldgefühle überwinden, die Autoritäten aller Couleur und aller Zeiten in den Menschen zu erzeugen versuchen, um sie von sich abhängig zu halten.

Welche Folgen hatte dies für Sie und ihre beruflichen Pläne?

Ich muss noch einen wichtigen Punkt hinzufügen: Sensibilisiert für eine solche Kritik an autoritären Beziehungen war ich durch eine psychoanalytische Therapie, die ich gegen Ende des Studiums begonnen hatte. Sie ließ mich spüren, was es heißt, in solchen Abhängigkeiten zu leben und von ihnen loskommen zu wollen.

Eine unmittelbare Konsequenz für eine kirchliche Tätigkeit als Theologe hatte dies 1968, als ich das Studium beendete, noch nicht. Im Gegenteil, die Aufbruchsstimmung in der Katholischen Kirche war damals auf ihrem Höhepunkt, so dass ich berufliche Erfahrungen in der Gemeindearbeit und dann vor allem in der Betreuung von Studierenden der Theologie sammelte, bevor ich 1972 ein Promotionsstudium begann, das schon im Sommer 1972 zu einer direkten Begegnung mit Erich Fromm führte.

Rainer Funk und Erich Fromm, 1979

2

Die Begegnung mit Erich Fromm und ihre Folgen

Im Jahr 1972 trafen Sie Erich Fromm erstmals persönlich. Hat dies Ihr Leben verändert?

Die Idee, mich mit der Frage zu befassen, wie Erich Fromm, der sich als Humanist bekannte, seine Ethik begründet, wenn er nicht an Gott glaubt, kam von meinem Doktorvater Alfons Auer. Mich faszinierten Fromms Schriften und sein Versuch, die Erkenntnisse der Psychoanalyse über Irrationales und Verdrängtes auf gesellschaftliche und kulturelle Vorgänge oder eben auch auf ethische Fragen anzuwenden.

Ich schrieb Erich Fromm einen Brief in dreifacher Ausfertigung, denn ich wusste nur, dass er sowohl in New York, als auch in Cuernavaca in Mexiko, aber neuerdings auch in Locarno in der Schweiz lebt. Von dort erreichte mich sein Anruf, dass ich gerne zu ihm kommen könnte und dass ich sein Gast sei im Hotel Muralto. So herzlich, interessiert und direkt, wie diese erste Antwort war, war auch die erste Begegnung am 1. September 1972, exakt 33 Jahre nach dem Überfall der Deutschen auf Polen und dem Beginn des 2. Weltkriegs.

Was für ein Mensch war Fromm?

Fromm war für mich, den damals 29-jährigen Theologen, der erste Gelehrte, bei dem ich das Gefühl hatte, dass das, was er sagt, lehrt und schreibt, auch tatsächlich von ihm gelebt wird. Der Verfasser des weltberühmten Buches *Die Kunst des Liebens* hatte tatsächlich die Fähigkeit, sich für jemand anderen zu interessieren, mit seinem Denken und Fühlen zum anderen hinüber zu reichen, sich in ihn einzufühlen, mit seinem Inneren Kontakt aufzunehmen und das Innere verstehen zu wollen.

Welche Folgen hatte diese erste Begegnung für Sie?

Die erste Begegnung mit dem Menschen Fromm zeigte zwei unterschiedliche Wirkungen bei mir. Zum einen war ich als Theologe in meinem intellektuellen Anspruch nach einer Begründungslogik für ethisches Handeln zutiefst verunsichert: Hier lebte jemand vor, dass man Vernunft und Liebe einfach nur praktizieren muss, um für sich und andere das ethische Verhalten zu begründen.

Die andere Wirkung war, dass ich voller Enthusiasmus nach Tübingen zurückfuhr, um innerhalb von ein paar Monaten seine Sozialpsychologie zu Papier zu bringen. Er las das 200 Seiten Manuskript und lud mich wieder zu Gesprächen nach Locarno ein. Als er und seine Frau Annis sich im Winter 1973/74 entschieden, ganzjährig in Locarno zu bleiben, fragte er mich schließlich, ob ich zu ihm nach Locarno kommen könnte, um ihm als Assistent wissenschaftlich zuzuarbeiten. Ich folgte der Einladung und lebte auch ab Herbst 1974 für einige Zeit ganz in Locarno, während das Buch *Haben oder Sein* entstand.

Auch nach meiner Rückkehr an die Universität Tübingen arbeitete ich für ihn weiter bis zu seinem Tod im Jahr 1980. Ich selbst aber begann ab 1977 in Stuttgart eine therapeutische Ausbildung zum Psychoanalytiker und war von 1979 an bis vor einigen Jahren hauptberuflich als Psychotherapeut tätig.

Was glauben Sie, hat zu Fromms Weltruhm am meisten beigetragen?

Fromms Schriften sind keine Kopfgeburten. Was und worüber er schrieb, mit dem musste er innerlich übereinstimmen können. Als er das Buch *Haben oder Sein* schrieb, habe ich immer wieder erlebt, dass er den Entwurf vom Vortag bereits wieder neu verfasst hatte, bis das Geschriebene mit seiner inneren Erfahrung übereinstimmte. Ich glaube, dies ist der eigentliche Grund, warum Fromms Schriften weltweit und bis heute die Menschen erreichen. Er konnte nur schreiben, wovon er eine eigene innere Erfahrung hatte.

Sie verwalten das geistige Erbe und den literarischen Nachlass von Fromm. Wie kam es dazu?

Kaum war ich nach Locarno übergesiedelt, fragte mich Fromm, ob ich bereit sei, für einen deutschen Verlag eine Gesamtausgabe seiner Schriften herauszugeben. Meine Zusage führte dazu, dass ich mich schließlich zum besten Kenner seiner Schriften entwickelte. Manchmal fragte Fromm mich, ob er zu dieser oder jener Frage schon mal etwas veröffentlicht hätte.

Fromm selbst dachte bei der Neuformulierung seines Testaments vor allem an die von den Erben unabhängige Verwaltung seiner Urheberrechte, so dass eine umfassende Kenntnis dessen, was er im Laufe seines Lebens veröffentlicht hatte, eine Grundvoraussetzung war. Diese brachten weder seine amerikanischen noch seine mexikanischen Schülerinnen und Schüler mit sich. Und eigene Kinder hatte Fromm nicht.

Erich Fromm mit seinem Vater, 1914

3

Fromms jüdische Sozialisation und sein Verhältnis zur Religion

Fromm wuchs in einer orthodox lebenden jüdischen Familie auf. Wie kam es, dass er dieser Religion den Rücken zuwandte?

Erich Fromm wuchs als Einzelkind in einer Familie auf, die, anders als die meisten Juden in der damaligen Zeit, sich nicht an das christliche Bürgertum assimilierten, sondern ganz bewusst die jüdischen Speisegebote und Rituale lebten und sich darin von anderen abgrenzten. Vor allem aber gab es väterlicherseits eine lange Reihe von Vorfahren, die Schriftgelehrte waren, Rabbiner und Talmudisten. Diesen eiferte der junge Erich Fromm nach. Er setzte sich stundenlang am Tag mit einem Schrifttext auseinander und studierte dessen verschiedene Auslegungen, wie dies beim Talmudstudium praktiziert wird.

Es war nicht dieser Wissensdrang, der ihn mit 26 Jahren zur Abkehr vom gelebten orthodoxen Judentum führte, sondern seine starke Vaterbindung. Über seine spätere erste Frau Frieda hatte Fromm 1923 die Psychoanalyse Sigmund Freuds kennen gelernt. Diese ermöglichte ihm einen gefühlten Zugang zu seiner ungelösten Vaterbindung und zu dem Wunsch, sich von jeglicher religiösen Bindung zu befreien.

Ist dies der Kern der Religionskritik von Fromm? Und was hat dies mit dem Judentum zu tun?

Es geht Fromm tatsächlich in seiner Religionskritik vor allem darum, dass man mit Gott nicht wie mit einem anderen Wesen sprechen kann. Fromms Kritik richtet sich gegen alle theistischen Religionen. Denn diese glauben, mit Gott auf Du und Du sein und mit ihm (im Gebet) sprechen zu können. In Wirklichkeit, so Fromm, machen sie Gott zu einem Götzen und verfügen über ihn.

Diese radikale Kritik an allen theistischen Religionen hat selbst eine Wurzel im Judentum. In diesem geht es gerade nicht wie im Christentum um den richtigen Glauben und das richtige Bekenntnis, sondern um den richtigen Weg, die *Halacha*. Eine Erkenntnis Gottes gibt es nur in seinen Wirkungen, weshalb auch die religiöse Antwort des Menschen nur im Gehen des richtigen Weges bestehen kann. Jede personale Vorstellung von Gott ist deshalb hinderlich. Darum gibt es das Bilderverbot im Judentum und die Unaussprechbarkeit des Wortes «Gott».

Heißt dies, dass Fromm zwar jeder Religion kritisch gegenübersteht, aber den Menschen dennoch prinzipiell als religiöses Wesen sieht?

Ja, so kann man dies auf einen Nenner bringen. Es gibt in Fromms Psychologie Bedürfnisse nach Bezogenheit, die jeder Mensch befriedigen muss: das Bedürfnis, auf die Wirklichkeit, auf einen anderen Menschen, auf eine soziale Gruppe, auf sich selbst bezogen zu sein. Und es gibt das Bedürfnis nach einem Rahmen der Orientierung und nach einem Objekt der Hingabe. Jeder Mensch muss auf diese Bedürfnisse antworten, und zwar zunächst unabhängig davon, wie er sie beantwortet.

Das Bedürfnis nach einem Rahmen der Orientierung und nach einem Objekt der Hingabe kann durch Weltanschauung,

Philosophie, Wissenschaft oder traditionell auch durch religiöse Erfahrungen befriedigt werden. Dabei gibt es eben keine fertigen Antworten, sondern immer nur suchende Bewegungen. Dies gilt auch für Spiritualität und Religiosität als Orientierungssuche.

Erklärt dieses suchende Moment Fromms Zuneigung zum Buddhismus und Zen-Buddhismus?

Es erklärt zunächst, warum Fromm jede institutionalisierte Religion kritisch sieht, denn mit jeder Institutionalisierung wird das Suchende und Nur-Erfahrbare in etwas Benennbares und Begriffliches verwandelt, weil es sich nur so ritualisieren und verwalten lässt. Tatsächlich werden nach Fromm nur die mystischen Richtungen in den Religionen der religiösen Dimension des Menschen gerecht. Nur die Mystik widersteht in der Regel dem Wunsch, ein konkretes Gottesbild zu entwickeln, um auf diese Weise Gottes habhaft zu werden. Buddhismus und Zen-Buddhismus sind für Fromm Religionen, wo diese Gefahr minimiert ist.

Fromm selbst hat über viele Jahre eine zen-buddhistische Religiosität gelebt, in den letzten 10 Jahren hat er viele Übungen buddhistischer Religiosität praktiziert. Er zeigte eine Zuneigung zu den Quäkern und war zeitlebens von den Predigten Meister Eckharts fasziniert.

Erich Fromm als Student, 1921

4

Der Psychoanalytiker Erich Fromm und seine Beziehung zu Sigmund Freud

Fromm knüpft an die psychoanalytische Theorie Sigmund Freuds an, doch verändert er dessen Theorie auch, wie seine Bücher ‹Sigmund Freuds Psychoanalyse – Größe und Grenzen› und ‹Sigmund Freud. Seine Persönlichkeit und Wirkung› zeigen. Wie hat Fromm Freuds Theorie verstanden?

Um diese Frage beantworten zu können, ist es hilfreich, zwischen der Theorie Freuds und der paradigmatischen Begründung seiner Theorie zu unterscheiden. Die Theorie Freuds sagt, dass der Mensch in seinem Denken, Fühlen und Handeln von unbewussten Kräften mitgesteuert wird. Solche unbewussten Kräfte sind etwa bestimmte Wünsche, Fantasien, Strebungen, Gefühle, Affekte, die vom Betroffenen selbst oder von seiner Umwelt zum Beispiel als peinlich, konflikthaft, sozial geächtet, kindisch, feindselig oder als verrückt angesehen werden. Eben deshalb müssen sie verdrängt werden.

Damit aber nicht genug. Freud erkannte, dass solche verdrängten Antriebskräfte dennoch das Verhalten des Menschen beeinflussen, allerdings in maskierter Form. Statt eifersüchtig zu sein, ist man überfreundlich oder bekommt Herzrasen; statt aggressiv zu sein, spürt man eine ganz starke Hemmung oder etwas Depressives; statt mit dem Vater einen Konflikt auszutragen, wird der Vorgesetzte angegriffen oder kommt es zu körperlichen Lähmungserscheinungen; statt sich schuldig zu fühlen, zeigt man eine übermäßige Reinlichkeit oder sucht man den Fehler immer beim anderen. Das Verdrängte kann auf unterschiedlichste Weise vom Bewusstwerden abgewehrt werden, aber es ist eben nicht wirklich weg, sondern kehrt in auffälligem Verhalten oder in neurotischen Symptombildungen wieder.

Diese Theorie der Psychoanalyse hat Freud mit dem Schicksal erklärt, das der Sexualtrieb vor allem in den ersten Lebensjahren erleidet, so dass es bei den unterschiedlichen Verhaltensauffälligkeiten letztlich immer um die Verdrängung sexueller Impulse geht. Nach diesem Erklärungsversuch sind fast alle psychischen Phänomene auf die genitalen und nicht-genitalen Strebungen und Ausdrucksweisen der Sexualität zurückzuführen.

Warum folgte Fromm diesem Erklärungsversuch nicht? Welche «Korrektur» schlug er in diesem Zusammenhang vor?

Zunächst muss man sagen: Der Sexualtrieb, so wie ihn Freud verstanden hat, kann schon viele psychische Auffälligkeiten erklären, denn vieles, was mit Sexualität zu tun hat, muss aus gesellschaftlichen Gründen verdrängt werden. Aber genau an dieser Stelle hegte Fromm Zweifel, ob dies auch auf andere Kulturen zutrifft. Nach seiner Emigration 1934 in die USA nahm Fromm verstärkt mit Kulturanthropologen wie Margaret Mead oder Ruth Benedict Kontakt auf. Deren Forschungen zeigten Fromm, dass die Freudsche Sexualtrieb-Theorie zur Erklärung psychischer Phänomene nur sehr begrenzt Gültigkeit hat, nämlich nur in patriarchalisch organisierten Gesellschaften, in denen es – wie im Viktorianischen Zeitalter Westeuropas – zu einer starken Sexualverdrängung gekommen war.

Eine noch stärkere Wirkung zeigte der Kontakt Fromms zu dem amerikanischen Psychiater und Psychoanalytiker Harry Stack

Sullivan. Als Psychiater hatte dieser es vor allem mit Menschen zu tun, deren Beziehung zur Wirklichkeit, zu anderen Menschen und zu sich selbst so stark gestört war, dass sie unter Halluzinationen, Zwangsgedanken, Wahnvorstellungen oder einer kaum beeinflussbaren Manie oder Depression litten. Wenn aber die schwersten psychischen Erkrankungen sich in einer schizophrenen oder paranoiden Bezogenheit auf die Wirklichkeit, auf andere und sich selbst zeigt, dann muss das psychische Grundproblem des Menschen die Frage seines Bezogenseins sein – und nicht die Frage der Befriedigung oder Versagung nicht-genitaler und genitaler Sexualwünsche.

Ist für Fromm also das psychische Kernproblem, dass der Mensch immer bezogen sein muss?

Ja, genau. Und diese Erkenntnis des Bezogensein-Müssens hatte für Fromm weitreichende Folgen. Bereits Mitte der 1930er Jahre begann Fromm, diesen Ansatz beim Bindungsbedürfnis des Menschen (das 30 Jahre später von John Bowlby und seinen Forschungen zur Bindungstheorie empirisch bewiesen werden konnte) auszuformulieren und 1941 in einem Anhang zu seinem ersten Buch *Die Furcht vor der Freiheit* zu veröffentlichen. Die entscheidende Korrektur an Freud war, dass die vielfältigen psychischen Phänomene damit zu erklären sind, dass jeder Mensch in jeder Situation seines Lebens das Bedürfnis nach Bezogenheit befriedigen muss.

Was blieb da von Freuds Entdeckungen noch übrig?

Die wichtigsten Entdeckungen Freuds vom Unbewussten und Verdrängten und von der Wiederkehr des Verdrängten in anderen Strebungen und in irrationalen Verhaltensweisen blieben von Fromms anderer Erklärung der psychischen Phänomene unberührt. Deshalb bekannte sich Fromm bis zu seinem Lebensende zur Bedeutung des Unbewussten und Verdrängten und zu den von Freud entwickelten therapeutischen Zugängen zum Unbewussten. Allerdings spielt die Sexualität nicht mehr die alles erklärende Rolle, sondern das Bezogenseinmüssen des Menschen.

5

Das Frommsche Verständnis von Psychoanalyse und seine Auswirkungen auf die therapeutische Praxis

Im Unterschied zu Freud erklärt Fromm unsere Leidenschaften, Strebungen und psychischen Eigenheiten damit, dass wir Menschen auf die Wirklichkeit, auf andere und auf uns selbst bezogen sein müssen. Welche Konsequenzen hat dieser andere Erklärungsansatz?

Zunächst ist zu sagen: Die psychische Notwendigkeit, bezogen zu sein, um nicht verrückt zu werden, treibt den Menschen an, Erfahrungen des Bezogenseins zu machen und auch zu verinnerlichen, so dass es – bei Erfahrungen des Vertrauens und der Verlässlichkeit – zu so etwas wie einer sicheren Bindung und zu einem Urvertrauen in sich, in andere Menschen und in die uns umgebende Wirklichkeit kommt.

Allerdings kommt es nach Fromm sehr viel mehr darauf an, dass wir, spätestens mit dem ersten Atemzug, Erfahrungen machen, die die positiven Entwicklungsfähigkeiten auch fördern und nicht behindern oder sogar vereiteln. Es geht also vor allem um die unsere psychische Entwicklung positiv oder negativ beeinflussende menschliche Umwelt.

Heißt dies, dass es vor allem um Erfahrungen geht, die man in den ersten Lebensjahren mit den Eltern oder anderen Bezugspersonen macht?

Ja, aber Fromm sieht da nicht nur die Eltern am Werk. Zu den Bedürfnissen nach Bezogenheit gehört auch das Bedürfnis, auf eine soziale Gruppe bezogen zu sein und sich einer sozialen Gruppe zugehörig zu fühlen. Dies hat zur Konsequenz, dass auch jene Bezogenheitserfahrungen verinnerlicht werden, die man als Mitglied einer gesellschaftlichen Gruppierung macht. Dies gilt bereits auch für das kleine Kind, weil die Eltern immer auch gesellschaftliche Vorstellungen und Handlungsweisen verkörpern und in der Art, wie sie mit dem Kind umgehen, nahebringen, so dass schon das kleine Kind so zu denken, fühlen und handeln beginnt, wie dies eine bestimmte Gesellschaft für erforderlich hält.

Diese verinnerlichten Bezogenheitserfahrungen steuern unser Denken, Fühlen und Handeln permanent mit. Sie tragen dazu bei, dass wir uns gleichförmig verhalten. Fromm hat diese verinnerlichten Bezogenheitsmuster mit dem Begriff des Charakters zu fassen versucht und zwischen einem individuellen Charakter und dem Sozial- oder Gesellschafts-Charakter unterschieden.

Wie wirkt sich diese andere Sicht der unbewussten inneren Antriebskräfte bei Fromm auf die therapeutische Praxis aus?

Da gibt es zwei auffällige Unterschiede zu dem, wie die Psychoanalyse Freuds mit dem Patienten umgeht. Der eine betrifft das Setting. Berühmt ist ja die Psychoanalytiker-Couch, hinter der der Psychoanalytiker oder die Psychoanalytikerin sitzt, ohne in einem direkten Blickkontakt zu sein. Hier hat Fromm schon nach wenigen Jahren Praxis erkannt, dass der Ansatz der Bezogenheit auch ein direktes Bezogensein von Angesicht zu Angesicht erforderlich macht. Es geht auch darum, dass beide unmittelbar die Stimmung, Mimik und Gestik des je anderen spüren sollen und dass der Blickkontakt eine ganz andere emotionale Kommunikation ermöglicht, die so wichtig ist, wie sie am Anfang des Lebens war, wo die meisten Gefühle – neben der haptischen Berührung und der Modulation der Stimme –über den Blickkontakt «transportiert» werden.

Der andere Unterschied bei der therapeutischen Praxis hat damit zu tun, dass nicht nur die ganz persönlichen Lebensumstände des Patienten oder der Patientin Verdrängungen, innere Konflikte und psychische Leidenszustände hervorrufen können, sondern auch die verinnerlichten Bezogenheitserfahrungen des gesellschaftlichen Zusammenlebens.

Können Sie das an einem Beispiel deutlich machen?

In einer auf Wettbewerb aufgebauten Wirtschaft können nur Menschen erfolgreich sein, die ein großes Bedürfnis haben zu rivalisieren und zu konkurrieren. Dies ist für ein friedvolles Zusammenleben schon schwierig genug. Mit der Globalisierung und dem entfesselten Kapitalismus hat sich ein Verdrängungswettbewerb entwickelt, dessen oberstes Ziel es ist, die Konkurrenz auszuschalten. Die verinnerlichten gesellschaftlichen Bezogenheitsmuster sind dann so, dass nur noch zählt, wenn man der Sieger ist und den andern zum Verlierer macht. Diese Art, miteinander umzugehen, ist für das sonstige Zusammenleben oder zum Beispiel für den Umgang mit den eigenen Kindern in hohem Maße destruktiv und kontraproduktiv, so dass es zu heftigen inneren Konflikten kommt, die einen zum Beispiel lähmen können.

Das Besondere der Psychotherapie bei Fromm ist genau darin zu sehen, dass solche Widersprüche als krankmachend gesehen werden, weshalb sich Fromm besonders für jene Strebungen und inneren Konflikte bei seinen Patienten interessiert hat, die sich aus deren Gesellschafts-Charakterorientierung ergaben.

Erich Fromm, 1940

6

Das Menschenbild von Erich Fromm: Der Mensch ist fähig zum Guten und Bösen

Bei der Anwendung der Psychoanalyse auf die Therapie kommt Fromm nicht umhin, eine Vorstellung von dem zu entwickeln, was den Menschen und die Gesellschaft psychisch gelingen oder misslingen lässt. Woher nimmt Fromm dieses ethische Wissen?

Die Frage nach der Ethik ist so alt wie die Menschheit. In dem Maße, in dem die Spezies Mensch immer weniger von Instinkten gesteuert wurde, stellte sich die Frage, welche Strebungen und Verhaltensweisen beim Bezogensein für ihn förderlich sind und welche nicht.

In manchen philosophischen Schulen wurde dieses Problem so beantwortet, dass innere Haltungen und Leidenschaften für die Wirkung eines bestimmten Verhaltens verantwortlich sind: Fördern die inneren Haltungen und Strebungen das Gelingen und Wohl-Sein des Menschen, dann wird der Mensch überwiegend von tugendhaften Leidenschaften gesteuert; sind die Wirkungen aber hinderlich oder schädlich, dann wird der Mensch überwiegend von lasterhaften Leidenschaften bestimmt.

Erstmals ausformuliert wurde diese Theorie von Aristoteles; die Tugendethik spielte dann im Mittelalter bei Thomas von Aquin eine große Rolle und später bei Baruch de Spinoza. Es war vor allem Spinoza, auf den sich Fromm in seinem Buch *Man for*

Himself über humanistische Ethik beruft. Dieses wurde 1947 veröffentlich und trägt in vielen Sprachen den Titel: *Psychoanalyse und Ethik*.

Was aber hat Fromms Ethik mit Psychoanalyse zu tun?

Schon Spinoza erkannte, dass viele Leidenschaften den betroffenen Menschen nicht bewusst sind (und hier vor allem die schlechten). Die Psychoanalyse Freuds hat dann Wege eröffnet, wie man einen Zugang zu solchen unbewussten und verdrängten Antriebskräften bekommen kann. Vor allem aber hat sie mit dem Konzept des Charakters jene psychische Strukturbildung identifizieren können, die das Verhalten des Menschen gleichförmig macht, so dass es zu typischen Verhaltensreaktionen kommt, die dem Wohl-Sein des Menschen zuträglich oder abträglich sind. Man könnte also sagen, die Psychoanalyse hat die Tugendethik wissenschaftlich erforschbar gemacht.

Dies trifft in noch stärkerem Maße auf Fromms Psychoanalyse und Charaktertheorie zu. Weil Charakterstrebungen das Ergebnis verinnerlichter Bezogenheitserfahrungen sind, lassen sich die individuellen und gesellschaftlichen Faktoren ermitteln, die dazu führen, dass der Mensch und das Zusammenleben gelingen oder mehr oder weniger scheitern.

Und doch ist mir noch nicht wirklich klar, warum eine Charakterstrebung tugendhaft oder lasterhaft ist. Was zeichnet eine Tugend psychologisch aus?

Der Ansatz bei der Bezogenheit des Menschen ermöglichte Fromm auch eine genauere Bestimmung dessen, was eine Tugend und was ein Laster jeweils qualifiziert. Für das Gelingen des Menschen förderlich sind alle Bezogenheitserfahrungen, die die eigenen körperlichen, seelischen und geistigen Fähigkeiten des

Menschen stärken. Nur wenn ein Mensch aus eigenen Kräften sich bewegen, Kraft entwickeln, aber eben auch denken, fühlen, urteilen und sich Dinge vorstellen kann, ist er selbständig, frei und unabhängig von fremden Kräften.

Alles, was der Mensch aus eigenen Kräften bewirken kann, trägt deshalb zu seinem Wohlsein und Gelingen bei. Fromm spricht deshalb nicht von einer *tugendhaften* Charakterorientierung, sondern von einer *produktiven*: Entscheidend ist, dass ein Mensch möglichst viel aus seinen eigenen körperlichen, seelischen und geistigen Kräften «hervorführen» (vom lateinischen «pro-ducere») kann. Entsprechend nennt er lasterhafte Charakterbildungen *nicht-produktiv*.

Ist dieses produktive Streben, selbständig, aus eigenen Kräften, frei und autonom leben zu wollen, etwas Angeborenes?

Zu dieser Frage hat sich Fromm ganz viele Gedanken gemacht. Bereits 1964 übernahm er in seinem Buch *Die Seele des Menschen. Die Wahl zwischen Gut und Böse* die Theorie, dass allem Leben der Drang innewohne, die in einer bestimmten Lebensform möglichen Fähigkeiten auch tatsächlich entwickeln und realisieren zu wollen.

Auch beim Menschen lässt sich eine solche angeborene Tendenz zur «Biophilie» – der Liebe zum Lebendigen – beobachten, die allerdings vom Menschen auch behindert oder gar verhindert werden kann. Wird die Biophilie vereitelt, dann kommt es zu einer gegenläufigen Dynamik: Der Mensch wird dann nicht von der Liebe zum Lebendigen angezogen, sondern vom Zerstören des Lebendigen und findet alles Leblose und Tote attraktiv («Nekrophilie»).

Genau dieser Frage ist Fromm dann in seinem großen Werk *Anatomie der menschlichen Destruktivität* nachgegangen, das 1973 auf den Markt kam. In ihm beweist Fromm anhand zahlloser Forschungsergebnisse aus den unterschiedlichsten Wissenschaftszweigen, dass es beim Menschen zwei Arten von Aggression gibt: eine *defensive*, die im Dienste des Lebens und Überlebens steht und die er auf weiten Strecken mit den Tieren gemeinsam hat, und drei Formen *destruktiver* Aggression, die es nur beim Menschen gibt. Sie entstehen dann, wenn Menschen an der Entwicklung ihrer eigenen kreativen Kräfte gehindert werden: der Sadismus – die Lust am Quälen, die Nekrophilie – die Lust am Zerstören um der Zerstörung willen, und die narzisstische Gewalt anderen und sich selbst gegenüber. Destruktivität ist deshalb für Fromm nichts natural Gegebenes, sondern das Ergebnis ungelebten Lebens.

7

Karl Marx und Erich Fromms Humanistischer Sozialismus

Welche Bedeutung hatten die Theorien von Karl Marx für Fromms eigenes Leben?

Die Werke von Karl Marx begleiteten Erich Fromm vom Beginn seines Studiums bis zu seinem Lebensende. Man könnte auch sagen, zeitlebens war Erich Fromm auf der Suche nach Formen des gesellschaftlichen Zusammenlebens, in denen der Mensch und sein Gelingen als gesellschaftliches Wesen im Mittelpunkt des Interesses stehen. Genau dafür stand Karl Marx im Denken von Erich Fromm.

Diese kritische Suche ergab sich bereits aus der Situation der von Fromm als junger Mensch gelebten religiösen Praxis: seine orthodox jüdisch lebende Familie und er selbst grenzten sich bewusst von jenen jüdischen Mitbürgerinnen und Mitbürgern ab, die sich dem christlichen Bürgertum und seinen kapitalistischen Wertvorstellungen assimilierten. Auch kann Fromms vorübergehende Begeisterung für den Zionismus zwischen 1918 und 1923 als Suche nach einer anderen Art des gesellschaftlichen und politischen Zusammenlebens verstanden werden.

Zu einer intensiveren Beschäftigung mit den Schriften von Karl Marx kam es 1920 beim Studium der Nationalökonomie (das Fach «Soziologie» gab es damals noch nicht) an der Universität Heidelberg, wo Fromm Vorlesungen über Karl Marx hörte. Die

Erkenntnis von Karl Marx, dass das gesellschaftliche Sein in Gestalt der Erfordernisse des Wirtschaftens und der Vergesellung das Bewusstsein und damit das Denken, Fühlen und Handeln des Menschen bestimmt, sprach Fromm ganz besonders an. Bereits in seiner Dissertation von 1922 war eine ganz entscheidende Frage, welche Rolle die «Lebenspraxis» für den Zusammenhalt der in der Diaspora lebenden Juden spielt. Fromms Beschäftigung mit dem Denken von Marx führte auch dazu, dass er Mitte der 1920er Jahre in dem von Frieda Reichmann und ihm geführten therapeutischen Sanatorium in Heidelberg Abendvorträge über Karl Marx hielt, die so begeisternd waren, dass junge Menschen das *Kapital* von Karl Marx zu lesen begannen.

Wie aber kam es zu dem, was bisweilen «Freudo-Marxismus» genannt wird?

Die Erkenntnisse des Unbewussten und Verdrängten durch Sigmund Freud und die Rolle, die Karl Marx den sozio-ökonomischen Verhältnissen für ein gelingendes oder entfremdetes Leben der Menschen zusprach – beide Erkenntnisse brachte Fromm 1930 in das wesentlich von ihm gestaltete Projekt des «Freudo-Marxismus» am Frankfurter Institut für Sozialforschung ein, in dem Fromm eine eigene sozialpsychologische Theorie und Methode entwickelte. Mit ihr ließ sich erklären, auf welche Weise viele Menschen das selbst psychisch erstreben *wollen*, was sie für das reibungslose Funktionieren einer bestimmten Wirtschaft und Gesellschaft erstreben *sollen*.

Eine gute Zusammenfassung dieser epochalen Theoriebildung mit Hilfe von Freud und Marx hat Fromm dreißig Jahre später zu Papier gebracht in dem Buch *Jenseits der Illusionen. Die Bedeutung von Marx und Freud* (1962).

Welche Bedeutung hat im Vergleich dazu das andere Buch, das Fromm über Marx geschrieben hat: ‹Das Menschenbild bei Marx› (1961)?

Die Begeisterung Fromms für das Denken von Marx hat noch einmal einen neuen Schub bekommen, als Ende 1929 die so genannten *Frühschriften* von Karl Marx entdeckt und 1932 veröffentlicht wurden. Meine eigenen Recherchen zur Frage, welche Schriften von Marx Fromm am meisten zitiert hat, sind völlig eindeutig: *Die Pariser Manuskripte*, auch bekannt unter dem Titel *Ökonomisch-philosophische Manuskripte* aus dem Jahr 1844, sowie die Schrift *Die Deutsche Ideologie*. Fromm hat sie immer wieder gelesen, wie die vielen Anstreichungen in seiner großen Marx-Engels-Ausgabe (MEGA) deutlich machen, die im Erich Fromm-Institut in Tübingen steht. In diesen Frühschriften wird die Sorge von Marx um das Humanum spürbar, beschreibt er die heutige Entfremdung des Menschen und entwickelt er ein humanistisches Menschenbild, wie es Fromm aus der Seele gesprochen ist.

Der in den 1950er Jahren tobende Antikommunismus in den USA hatte von diesem Marx keine Ahnung. Er tat sich überhaupt schwer, zwischen Karl Marx und dem, was sich da als Marxismus und Kommunismus politisch etabliert hatte, zu unterscheiden. So war es schließlich Fromm, der den Engländer Tom Bottomore zu einer verlässlichen Übersetzung der Frühschriften ins Englische anregte und die wichtigsten Teile dieser Frühschriften, zusammen mit einer langen Einleitung von ihm selbst, 1961 erstmals der Englisch lesenden Welt zugänglich machte.

Welche Einstellung hatte Fromm zum real existierenden Sozialismus, wie er in der Sowjetunion praktiziert wurde?

Für Fromm war der real existierende Sozialismus die schlimmste Perversion, die den von Marx entwickelten Vorstellungen von

Sozialismus widerfahren konnte. Entsprechend war die Reaktion der kommunistischen Machthaber auf den humanistischen Sozialismus, wie Fromm ihn von Marx her vertrat. Als ich in den 1980er Jahren mit der Post Fromm-Bücher in die kommunistischen Staaten schickte, machte ich wiederholt die Erfahrung: Das einzige Buch von Fromm, das nie den Empfänger erreichte, war Fromms *Das Menschenbild bei Marx.*

8

Das Schlüsselwerk Erich Fromms: *Die Furcht vor der Freiheit*

Zu den wichtigsten Büchern, die Fromm geschrieben hat, gehört ‹Die Furcht vor der Freiheit›. Ist dieses Buch von 1941 vielleicht überhaupt das wichtigste Buch von Fromm?

Die Frage, was als wichtig angesehen wird, ist heutzutage durchaus strittig: Für die meisten Menschen sind wichtige Bücher jene, die auf Bestsellerlisten stehen – die also ein Markterfolg sind. Wenn man so fragt, dann ist Fromms Buch *Die Kunst des Liebens* (1956) überhaupt das Allerwichtigste, weil es weltweit kaum ein Sachbuch gibt, das je eine ähnlich hohe Auflage von ca. 25 Millionen Exemplaren erreicht hat.

Misst man ein wichtiges Buch daran, was in ihm steht und welche Bedeutung der Inhalt für das Gesamtwerk eines Autors hat, dann kann man mit Recht sagen, dass das erste große Buch, das Fromm unter dem Titel *Die Furcht vor der Freiheit* 1941 in New York veröffentlichte, sein wichtigstes Buch ist.

Nun handelt dieses Buch von der Freiheit. Warum?

Das Thema «Freiheit» ist zwar so alt wie die Menschheit, doch, so Fromm, die Freiheitsfrage hat mit dem Beginn dessen, was der abendländische Mensch die Moderne nennt, eine dramatische Entwicklung genommen: Mit dem Renaissance-Humanismus und mit christlichen Bewegungen, die gegen die mittelalterliche Vorherrschaft der Katholischen Kirche protestierten, aber auch durch wirtschaftliche und technische Entwicklung kam eine Unabhängigkeits- und Individualisierungsbewegung in Gang, bei der der Einzelne sich nicht mehr vorrangig als Teil einer Gemeinschaft erlebt, sondern als Individuum in mehr oder weniger starker Abgrenzung vom Kollektiv.

Fromm war der erste Psychologe, der sich der Frage zuwandte, wie es Menschen emotional geht, die nicht gemäß der Tradition und nach den Vorgaben der Mächtigen in Religion und Politik leben. Er erkannte, dass viele dieser Menschen in Wirklichkeit von einer großen Angst umgetrieben werden, isoliert, bindungslos, allein gelassen und ohne Halt zu sein. Weil viele die Freiheit psychisch nicht aushalten können, unterwerfen sie sich neuen Autoritäten oder passen sich konformistisch an.

Vor dem Hintergrund der *Furcht* vor der Freiheit erklärte Fromm den autoritären Charakter und den Führer-Faschismus in Deutschland und Italien – zu einer Zeit, als die meisten Psychologen zum deutschen Nationalsozialismus schwiegen. Diese schwiegen auch deshalb, weil sie kein Konzept entwickelt hatten, wie wirtschaftliche, gesellschaftliche und politische Veränderungen sich seelisch auswirken. Ebendies aber hatte Fromm in den 1930er Jahren getan. Eine Zusammenfassung seiner Sozialcharaktertheorie hat er erstmals als Anhang zu diesem Buch veröffentlicht. Dieser Anhang ist deshalb sozusagen der «Schlüssel», mit dem sich das gesamte Denken Fromms erschließen lässt. Auch deshalb ist *Die Furcht vor der Freiheit* das wichtigste Buch von Fromm.

Hat sich die Freiheitsfrage in den vergangenen 80 Jahren verändert?

Diese Frage ist nicht einfach zu beantworten. Es gibt eine interessante Beobachtung bei der weltweiten Rezeption des Denkens von Fromm. Das Buch *Die Furcht vor der Freiheit* ist vor allem in

Ländern und Kulturen ein gefragter Titel, wo man sich von einer Bevormundung durch den Staat, die Religion, die Tradition, die Macht der Clans und Familien usw. befreien will. Dieser Prozess geht meist mit einer Individualisierungsdynamik einher, bei der Menschen ihr eigenes Ich ohne Rücksicht auf kollektive Vorgaben ausleben möchten. Genau hier lässt sich ein verstärkter Verkauf des Buches *Die Furcht vor der Freiheit* beobachten.

Für viele Menschen heute wird die Freiheitsfrage jedoch in einem völlig anderen Kontext virulent: Ihnen geht es nicht nur um Bevormundung und um das Rücksichtnehmen auf kollektive Vorgaben, sondern überhaupt um jede Art von Grenze, Bindung oder Einschränkung. Digitale Technik und elektronische Medien ermöglichen Inszenierungs- und Simulationstechniken, mit denen eine grenzenlose Freiheit keine Utopie mehr ist.

Heißt dies, dass wir heute die Freiheit haben, Wirklichkeit neu und anders zu konstruieren?

Ja, genau. Und dies trifft nicht nur auf die Wirklichkeit um uns herum zu, sondern auch auf die, die wir selbst geistig und psychisch sind. Wir sind auch fähig, unsere mentale Persönlichkeit neu zu erfinden. Auch sie lässt sich mit Suggestions- und Simulationstechniken so schaffen, dass keine Begrenzungen durch negative Gefühle anderen oder sich selbst gegenüber mehr spürbar sind.

Allerdings hat dieses Freiheitserleben einen Haken: Ohne mediales Verbundensein und digitale Technik drohen viele Menschen in ein Nichts zu stürzen. Die grenzenlose Freiheit ist deshalb nur im Verbund mit der Technik erfahrbar. Mit Recht ist zu fragen, ob hier die Abhängigkeit vom Kollektiv in Gestalt der Technik wieder auftaucht. Das Buch *Die Furcht vor der Freiheit* ist noch immer aktuell, wenn auch für viele Menschen in einem anderen Kontext.

Erich Fromm, 1948

9

Erich Fromms Erkenntnisse für Wege aus einer kranken Gesellschaft

Erich Fromm hat als junger Mann erlebt, wie destruktiv eine Gesellschaft werden kann. Zum Glück konnte er frühzeitig Nazi-Deutschland verlassen. Spielte diese Erfahrung eine Rolle bei Fromms Engagement für eine humane Gesellschaft?

Zweifellos spielten der Genozid an den Juden und der von Hitler-Deutschland begonnene Zweite Weltkrieg mit all seine schrecklichen Folgen eine entscheidende Rolle für Fromms politisches Engagement, aber auch für die wissenschaftliche Frage, wie es zu gesellschaftlichen Veränderung positiver wie negativer Art kommt. In seinem ersten Buch *Die Furcht vor der Freiheit* (1941) analysierte Fromm deshalb die wirtschaftlichen und gesellschaftlichen Verhältnisse in Deutschland, die zu einer so großen Akzeptanz breiter Schichten für Hitlers Nazi-Deutschland führten.

Schon früh erkannte Fromm, dass in den modernen Gesellschaften Geschichte nicht nur von politischen Machteliten geschrieben wird, sondern auch – je nach Stand des Individualisierungsprozesses – von der Bereitschaft vieler Menschen, die Ideen und Ideologien der Machteliten mitzutragen. Was eine Gesellschaft innerlich zusammenhält, ist den gemeinsamen inneren Strebungen der Vielen zu verdanken, die sie ähnlich denken, fühlen und handeln lassen. Solche inneren Sozialcharakterstrebungen bilden sich auf gesellschaftlicher Ebene gemäß den sozio-ökonomischen Lebensverhältnissen und der konkreten Lebenspraxis der betroffenen Menschen.

Hängen deshalb gesellschaftliche Veränderungen von veränderten wirtschaftlichen, technischen und sozialen Lebensverhältnissen ab?

Genau, das ist der Punkt, den Erich Fromm mit seinem Konzept des Sozialcharakters wissenschaftlich zu erfassen versuchte und erstmals beim autoritären Sozialcharakter auch empirisch nachgewiesen hat. Die Grundstrebung des Sozialcharakters ist auf weiten Strecken das Resultat einer psychischen Anpassung an die jeweiligen Erfordernisse der Produktionsweise und der Arbeitsorganisation, aber auch an Vorgaben gesellschaftlicher, kultureller und geistiger Art. So führt der Sozialcharakter dazu, dass Menschen in einer bestimmten historischen Situation nicht nur ähnlich denken, fühlen und handeln, sondern dass sie das, was sie erstreben, auch als vernünftig, gesund und normal empfinden – und dies selbst dann, wenn solche Strebungen destruktive oder krankmachende Folgen haben.

Woher nimmt Fromm dann den Maßstab dafür, dass ein Gesellschaftscharakter in Wirklichkeit entfremdende und krankmachende Effekte hat?

Dieser Frage hat sich Fromm in dem Buch *Wege aus einer kranken Gesellschaft* (1955) gestellt. In ihm stellt Fromm ausführlich dar, dass jeder Mensch aus psychischen Überlebensgründen genötigt ist, seine Bedürfnisse nach Bezogenheit zu befriedigen. Allerdings können diese Bedürfnisse ganz unterschiedlich befriedigt werden. Das Bedürfnis, auf einen anderen Menschen bezogen zu sein, kann liebend, fürsorglich, empathisch, aber auch rivalisierend, egoistisch oder aggressiv befriedigt werden. Die verschiedenen

Befriedigungsweisen hängen immer auch vom Sozialcharakter ab und zeigen also ganz unterschiedliche Wirkungen beim Einzelnen, aber auch für das gesellschaftliche Miteinander.

Wie muss man sich das mit den Wirkungen vorstellen? Worauf bezieht sich Fromm da?

Entscheidend ist für den Psychologen Fromm, ob die Wirkungen so sind, dass die mentalen Fähigkeiten des Menschen zu einer liebenden, vernünftigen und kreativen Bezogenheit gefördert werden. Nur dann kommen die im Menschen angelegten produktiven Potenziale optimal zur Entwicklung; nur dann lebt er, so gut er kann, aus eigenen Kräften und nur dann gestaltet sich das gesellschaftliche Miteinander kooperativ und solidarisch. Der Maßstab für das optimale Gelingen des Menschen und des menschlichen Zusammenlebens ist also das Wachstum der seelischen Eigenkräfte des Menschen.

Wenn eine Gesellschaft keine entfremdenden und krankmachenden Wirkungen haben soll, dann müssen die Lebensverhältnisse, die die Strebungen des Sozialcharakters beeinflussen, eine produktive Wirkung hinsichtlich der seelischen Eigenkräfte des Menschen haben. Dies ist denn auch das Hauptthema des Buches *Wege aus einer kranken Gesellschaft* (1955): Fromm zeigt im einzelnen auf, welche entfremdenden, nicht-produktiven Wirkungen die unterschiedlichen Kapitalismusformen der letzten Jahrhunderte hatten, um dann kommunitäre und sozialistische Gesellschaftsentwürfe zu untersuchen.

Unter den verschiedenen Sozialmusformen ist es der kommunitäre Sozialismus, wie er beispielhaft in verschiedenen Werkgemeinschaften (Communautés de travail) praktiziert wird. Sie sind zumindest ein Modell für eine neue Organisation der industriellen Arbeit, bei dem durch Demokratisierung und Mitbestimmung, aber auch durch andere Formen des kulturellen und sozialen Miteinanders, sowohl eine ökonomische als auch vor allem eine menschliche Produktivität erreicht werden kann.

10

Der Stellenwert der Liebe im Denken von Erich Fromm

Die meisten Menschen sind vermutlich mit dem Denken von Erich Fromm über das Buch ‹Die Kunst des Liebens› (1956) in Berührung gekommen. Ist die Liebe tatsächlich ein Hauptthema bei Erich Fromm?

In Wirklichkeit ist Fromms Weltbestseller *Die Kunst des Liebens* ein Nebenprodukt seines wissenschaftlichen Arbeitens gewesen, zumindest vom Anlass seiner Entstehung her. Es war nicht einmal seine Idee, dieses Buch zu schreiben, sondern der Vorschlag der New Yorker Publizistin Ruth Nanda Anshen, die glaubte, dass das Thema «Liebe» ein Markterfolg werden könnte und deshalb Erich Fromm bat, seine Gedanken zur Kunst des Liebens zu Papier zu bringen.

Man kann es heute angesichts eines überquellenden Marktes an Büchern zur Liebesfähigkeit des Menschen fast nicht glauben, dass Fromms *Die Kunst des Liebens* bei seiner Veröffentlichung 1956 das erste Buch überhaupt war, das das Phänomen «Liebe» aus psychologischer Liebe untersuchte. Natürlich gab es die «ars armandi» in der Literatur und spielt die Liebesfähigkeit in allen Religionen und Ethiken eine große Rolle. Die Zeit der Romantik schwärmte von der erotischen Liebe. Für Psychologen jedoch, und selbst für Sigmund Freud, den Begründer der Psychoanalyse, war die Frage der Liebe kein wissenschaftlich ernst zu nehmendes

Thema, sondern höchstens ein Nebenaspekt der Sexualität und des Fortpflanzungstriebs.

Für den Psychoanalytiker Erich Fromm spielt aber nicht der Sexualtrieb die entscheidende Rolle. Er erkannte, dass Menschen unbedingt ihre Bedürfnisse nach Bezogenheit befriedigen müssen und welchen Stellenwert dabei gesellschaftliche Beziehungsmuster haben. Die Frage der Fähigkeit zu einer empathischen, liebenden, fürsorglichen und solidarischen Beziehungsgestaltung, das heißt die Frage der Liebesfähigkeit, steht deshalb für das Gelingen des Menschen und eines guten Miteinanders im Mittelpunkt von Fromms Interesse.

Heißt dies auch, dass Fromm unter «Liebe» meist etwas anderes versteht, als wir es üblicherweise tun, wo Liebe schon in erster Linie mit erotischen Gefühlen und sexuellem Begehren verbunden ist?

Der Hauptteil des Buches beschäftigt sich tatsächlich mit unterschiedlichen Ausdrucksweisen und Objekten der Liebe. Er spricht von der Nächstenliebe, der mütterlichen und väterlichen Liebe, der erotischen Liebe, aber auch von der Liebe zu sich selbst und der Liebe zu Gott, wie sie im religiösen Kontext oft beschrieben wird. Bereits diese Aufzählung macht deutlich, dass für Fromm Liebe nur gelegentlich mit Sexualität, sexueller Lust und Erotik zu tun hat.

Es gibt für Fromm sehr wohl die Möglichkeit, dass sich Zärtlichkeit, Gefühle der Zuneigung, der Wunsch nach Gemeinsamkeit und nach Erfahrungen des Einsseins mit erotischen Gefühlen und sexuellen Wünschen verbünden, so dass die Erfahrung, «ein Leib und eine Seele zu sein», zur schönsten und lustvollsten Erfahrung wird, die Menschen machen können. Wieviel Liebe dabei wirklich im Spiel ist, hängt allerdings nicht von der sexuellen

Potenz, sondern davon ab, ob es bei der sexuellen Vereinigung auch dazu kommt, dass Menschen «eine Seele» sein können, wobei das erotische Begehren meist den Wunsch, auch «eine Seele» sein zu wollen, verstärkt.

Grundsätzlich aber ist die Liebesfähigkeit für Fromm nicht an die Sexualität gekoppelt. Sie ist vielmehr eine besonders beglückende Form der Befriedigung des Bedürfnisses nach Bezogenheit, deren Entwicklung in hohem Maße davon abhängig ist, ob individuelle und gesellschaftliche Bezogenheitserfahrungen die Fähigkeit zur Liebe begünstigen oder behindern.

Woran lässt sich nach Fromm die Liebesfähigkeit erkennen, wenn Sexualität und Erotik keine Wesensmerkmale von Liebe sind?

Fromm nennt folgende «Grundelemente», die eine produktive Liebe kennzeichnen: «Fürsorge, Verantwortungsgefühl, Achtung vor dem anderen und wissendes Verstehen um den anderen». Im Kern geht es immer um die Fähigkeit, mit seinen Vorstellungen und Gefühlen beim anderen sein zu können, ohne dabei sein Eigensein und seine Eigenständigkeit aufzugeben. Es geht also bei der Liebesfähigkeit darum, hinüberreichen zu können, gedanklich und gefühlsmäßig beim Menschen da drüben zu sein, sich in ihn hineinversetzen und mit ihm fühlen zu können. Man möchte eins mit dem anderen sein, ohne sich selbst zu verlieren und eigene Ansprüche und Wünsche zu opfern. Dies ist es, was Fromm mit reifer oder produktiver Liebe meint.

Rainer Funk, 1981

11

Erich Fromms Einstellung zur Technik

Im Jahr 1968 veröffentliche Erich Fromm das Buch ‹Die Revolution der Hoffnung›, das den Untertitel trägt ‹Für eine Humanisierung der Technik›. Welche Einstellung hatte Fromm zum technischen Fortschritt?

Der Untertitel des Buches meint, dass sich die Technik am Menschen und seinen Bedürfnissen ausrichten soll und dass das, was technisch möglich ist, in den Dienst des Menschen zu stellen ist. Die Technik soll ein Werkzeug des Menschen sein und bleiben, das vom Menschen gesteuert wird.

Es ist nicht so, dass Fromm gegenüber dem technischen Fortschritt grundsätzliche Einwände gehabt hätte, aber bei manchen Entwicklungen hatte er große Bedenken. Dabei lebte Fromm in einer Zeit, in der die digitale Revolution erst in ihren Anfängen war, so dass sich die Hauptkritik Fromms auf die Auswirkungen des technischen Fortschritts im Industriezeitalter bezog. Sicher hätte Fromm manche Bedenken ganz anders formuliert, wenn er die fantastischen Möglichkeiten digitaler Technik, der Suchmaschinen und der Vernetzungstechnik sowie der elektronischen Medien noch miterlebt hätte.

Welche Bedenken hatte Fromm gegen den technischen Fortschritt vor 50 Jahren?

Eine Hauptsorge Fromms bezog sich darauf, dass Menschen sich immer stärker zu allem Maschinellen und technisch Machbaren hingezogen fühlten, während alles Menschliche und Lebendige an Attraktivität verlor. Je raffinierter und effektiver Maschinen und maschinelle Programme bestimmte Arbeiten erledigen konnten, ohne dabei zu ermüden oder Fehler zu machen, desto größer war die Faszination, die vom Technisch-Möglichen ausging.

Die Begeisterung für die Raumfahrt und für das technische Knowhow, mit der der erste Mensch seinen Fuß auf den Mond setzte und auch noch heil wieder zur Erde zurückkam, machte Fromm eher skeptisch. Das öffentliche, aber auch das wissenschaftliche Interesse orientierte sich immer mehr am technisch Möglichen und an der Fähigkeit, alles Lebendige wie ein Ding berechnen zu können.

Die Verdinglichung des Menschen wurde ja auch von anderen Kritikern angemahnt.

Ja, durchaus, etwa von Günther Anders oder Lewis Mumford. Die größte Sorge Fromms war, dass es zu einer neuen sozialcharakterlichen Grundstrebung, einem nekrophilen Sozialcharakter kommt, bei der Menschen mehr vom Leblosen, Maschinellen und Dinglichen angezogen werden als vom Lebendigen, und dass deshalb alles, was sich nicht technisch lösen lässt, vernachlässigt wird: die Bedrohung durch die atomare Abschreckungspolitik, die großen Konflikte zwischen Erster und Dritter Welt, die Rassismus-Konflikte im eigenen Land, die sozialen Ungleichheiten weltweit, die Ausbeutung der Billiglohnländer, die Umweltverschmutzung und -zerstörung usw.

Die reibungslos funktionierende Maschine wurde zum Modell, an dem sich Menschen orientieren sollen. Der durch und durch berechenbare Mensch – Fromm nannte ihn den «technotronen» Menschen – denkt, fühlt und handelt wie ein Roboter.

Welche Möglichkeiten sah Fromm, um technotrone Menschen wieder zu menschlichen Wesen zu machen?

Wie bei allen Veränderungen, die gesellschaftlich relevant sind, ist bei den sozio-ökonomischen Verhältnissen anzusetzen, das heißt in diesem Fall bei der durch die technische Entwicklung möglich gewordenen Weise zu produzieren und die Arbeit zu organisieren. Werden die Mitarbeiterin und der Mitarbeiter wie eine Maschine gesehen, dann führt dies zu bürokratischen Methoden und zu einem bürokratischen Planen und Managen aller Prozesse, an denen Menschen beteiligt sind.

Genau hier setzt Fromm an und fordert, diese bürokratischen Management-Methoden durch humanistische zu ersetzen. Dazu braucht es beim Management und bei den Entscheidungsfindungen eine starke Dezentralisierung und die aktive Beteiligung und Mitbestimmung der Betroffenen. Der Mensch muss spüren können, dass *er* es ist, der die Technik als Tools zur Steigerung seiner Produktivität nutzt und steuert. Nur so lässt sich vermeiden, dass ihn technische Steuerungsinstrumente wie ein willenloses und ohnmächtiges Ding behandeln und entwürdigen, lähmen und demotivieren.

Hat die digitale Revolution das Verhältnis von Mensch und Technik nicht noch einmal grundsätzlich verändert?

Bei der Frage, wie die Technik humanisiert werden kann, ging es für Fromm damals ganz stark um den Vorrang des Menschen vor der Technik. Die digitale Revolution hat inzwischen Techniken möglich gemacht, die um vieles mehr vermögen, als der Mensch aus seinen körperlichen und kognitiven Kräften je hervorbringen könnte. Algorithmen und Künstliche Intelligenz sind dem Menschen in allen berechenbaren Dingen haushoch überlegen. Auch sind viele Lebensbereiche überhaupt nicht mehr ohne digitale

Technik und elektronische Medien zu managen. Das hat zu einem anderen Verhältnis des Menschen zur Technik geführt.

In einer Hinsicht hat Fromms Sorge von damals auch heute noch eine große Aktualität: Die Faszination für alles Berechenbare hat dazu geführt, auch jene Lebensvollzüge, Begegnungen, Befindlichkeiten und Erfahrungen durch Künstliche Intelligenz steuern zu wollen, die nur erlebt, vollzogen, gespürt, geahnt, gewagt und erlitten werden können. Für Fromm gilt auch hier: Was in Wirklichkeit anzieht, ist das Lebendige.

12

Der Marketing-Charakter: Man muss sich eben gut verkaufen

Wie kam Erich Fromm dazu, eine Sozialcharakter-Orientierung «Marketing-Charakter» zu nennen?

Als Erich Fromm 1934 nach New York ging, um dem Faschismus von Hitler-Deutschland zu entkommen, merkte er schon bald, dass dort das öffentliche und private Leben nicht nur von der Macht des Stärkeren und von Herrschaft und Unterwürfigkeit geprägt war, wie dies für eine mehrheitlich autoritäre Gesellschaft typisch ist. Bereits in *Die Furcht vor der Freiheit* (1941) beschreibt er Menschen, deren Grundstrebung nicht autoritär, sondern konformistisch ist. Sie wollen immer so sein wie die anderen, statt ihre eigene Individualität zu leben. In *Psychoanalyse und Ethik* (1947) bezeichnet Fromm den neuen Charakter dann als Marketing-Charakter.

Nach Fromms Theorie müsste dies mit den veränderten sozioökonomischen Verhältnissen in den USA der 1940er Jahre zu tun haben.

Ja, Fromm erklärte die neue Grundstrebung der Vielen mit den neuen Möglichkeiten der industriellen Massenproduktion, die den Markt zunehmend verändert. Denn nun gilt: Was massenhaft produziert wird, muss auch verkauft werden, egal, ob die Menschen das Produzierte wirklich brauchen oder nicht. Nicht der Gebrauchswert regelt den Markt, sondern der Tauschwert. Damit aber wird in der Güter produzierenden Industrie die Frage nach der Verkaufsstrategie – dem Marketing – immer wichtiger und müssen die Waren beworben werden.

Nun erklärt dies ja noch nicht schlüssig, warum in den vielen Menschen eine neue Grundstrebung entstehen kann, ihr ganzes Sinnen und Trachten darauf auszurichten, sich selbst gut zu verkaufen.

Was bei einer industriellen Massenproduktion von Gütern mit Erfolg ausprobiert wurde und zu einem neuen Marktverständnis führte, fand schnell auch Anwendung auf den Dienstleistungsbereich, bei dem es auch um menschliche Fähigkeiten geht, die es zu verkaufen gilt. Hier ging es nicht nur darum, ein Produkt, sondern auch sich selbst als Mensch erfolgreich zu verkaufen. Die Anwendung der neuen Marktlogik – entscheidend ist das Marketing – führte zwangsläufig dazu, dass die Menschen ihre eigene Person bzw. Aspekte ihrer Persönlichkeit auch zu einer Ware machten, um auf dem Markt erfolgreich zu sein.

Aber warum soll man sich selbst nicht zum Erfolg machen? Genau so muss man heute doch handeln, wenn man einen Betrieb hat, Karriere machen will oder ein guter Journalist oder Wissenschaftler sein will.

Vielleicht muss ich erst noch ein wenig erläutern, was psychologisch beim Marketing-Charakter geschieht, wenn er seine Persönlichkeit zu verkaufen trachtet: Es geht dann nicht darum, wer ich tatsächlich bin und mit welchen eigenen Eigenschaften ich punkten kann. Vielmehr kommt es darauf an, welche Rollen ich gut spielen kann: Jemand zu sein, der immer freundlich und wertschätzend ist, der etwas Vertrauensvolles erzeugen kann, leistungsstark und ganz kundenorientiert ist usw.

Die Verpackung, die Performance, die Inszenierung zählt, nicht der Inhalt und wer ich eigentlich bin. Im Gegenteil, je perfekter ich die antrainierten Persönlichkeitsattribute spielen kann und je weniger «Störfeuer» es durch mein Eigensein gibt und wie es mir in Wirklichkeit zumute ist, desto erfolgreicher ist man. Wichtig ist nur, wie ich mich rüberbringe, beim anderen ankomme, welchen Eindruck ich mache und ob ich ein Echo erzeugen kann.

Psychologisch bedenklich ist daran, dass der Mensch sich seiner selbst fremd wird und immer weniger aus seinen Eigenkräften zu leben imstande ist. Der Marketing-Charakter macht sich vom Erfolg auf dem Markt abhängig, um seinen Selbstverlust nicht zu spüren. Bleibt der Erfolg aus, dann drohen Gefühle innerer Leere, Langeweile und Nutzlosigkeit spürbar zu werden, vor allem aber droht man auf die Seite der Verlierer und ins gesellschaftliche Abseits zu rutschen, statt zu den Gewinnern zu zählen.

Wie lässt sich eine solche Orientierung am Marketing vermeiden?

Das größte Problem ist tatsächlich, dass es heute noch immer völlig selbstverständlich ist und als normal angesehen wird, eine Rollenexistenz zu führen. Der damit einhergehende Selbstverlust und Gefühle von innerer Leere und Langeweile können meist problemlos mit einem verstärkten Konsumismus vom Bewusstwerden ferngehalten werden. Es ist also gar nicht so einfach zu merken, dass diese Art zu leben psychisch nicht-produktiv und krankmachend ist. Auch lässt sie sich meist nicht völlig vermeiden, wenn man am öffentlichen Leben teilnehmen will. Aber man kann sehr wohl ein guter Geschäftsmann und Dienstleister sein, indem man ehrlich zu seinen *eigenen* Stärken *und* Schwächen steht und mit seinem Eigensein und seiner Eigentümlichkeit wirbt. Diese gilt es gegen den Mainstream zu stärken.

Erich und Annis Fromm, 1958

13

Haben oder Sein – das ist die Frage

Mit dem letzten bedeutenden Werk ‹Haben oder Sein› hat Fromm eine Alternative formuliert, obwohl wir alle wissen, dass wir, um «sein» zu können, auch vieles «haben» müssen. Was also meint Fromm mit der Alternative?

Tatsächlich geht es Fromm bei dieser Alternative nicht um die Frage, ob und was wir *haben* müssen, um ein menschenwürdiges Leben zu führen, sondern um den Stellenwert, den das «Haben-Wollen» – die Gier nach etwas – für unser Leben hat. Unter «Haben» und «Sein» versteht Fromm deshalb psychologische «Existenzweisen», die das gesamte Denken, Fühlen und Handeln bestimmen.

Wer ein wenig mit dem Denken und der Charaktertheorie Erich Fromms vertraut ist, wird bei der Lektüre dieses Buches schnell merken, dass Fromm mit der «Orientierung am Haben» und der «Orientierung am Sein» die nicht-produktive bzw. die produktive Qualität der Charakterstrebungen meint: Wenn unser Denken, Fühlen und Handeln von psychischen Grundstrebungen gesteuert wird, die die optimale Entwicklung der menschlichen Eigenkräfte (wie Vernunft, Liebe, Kreativität, Solidarität) befördern, dann haben diese Grundstrebungen eine «produktive Orientierung» und entsprechen einer «am Sein orientierten Existenzweise».

Warum hat Fromm dann nicht einfach von «produktiv oder nicht-produktiv» gesprochen?

Die Kennzeichnung «am Haben orientiert» bringt die Qualität einer charakterlichen Grundstrebung, die «nicht-produktiv» ist, in Vielem besser zum Ausdruck, zumal die Orientierung am Haben oder am Sein bereits Formulierungen waren, die bei so unterschiedlichen Denkern wie Meister Eckhart und Karl Marx zu finden sind.

Wenn man ganz grundsätzlich fragt, welches Ziel unser psychisches Sinnen und Trachten hat, dann lassen sich im Kern zwei Richtungen ausmachen: entweder der Mensch trachtet danach, sein Leben in erster Linie mit Hilfe seiner ihm eigenen körperlichen und geistig-seelischen Kräfte zu meistern und von fremden Kräften unabhängig zu werden, oder er trachtet in erster Linie danach, über ihm fremde Kräfte verfügen zu können, die er in Besitz nehmen oder mit denen er verbunden ist, um sie nutzen zu können.

Ist das Haben von etwas also erst dann problematisch, wenn man über Gegenstände des Habens verfügen will und sich von ihnen abhängig macht?

Genau das ist der Punkt: Die Frage ist, welchen Stellenwert das Haben und Gebrauchen hat. Auch der am Sein Orientierte hat und gebraucht die Dinge des Lebens, aber er kann sie haben, als hätte er sie nicht. Er kann sogar gegebenenfalls auf sie verzichten, weil sie für ihn keine existenzielle Bedeutung haben und er sich nicht an sie klammert.

Um diesen Unterschied in der Existenzweise zu verdeutlichen, ist es hilfreich, genauer zu fragen, von welchen Gegenständen des Habens sich Haben-Orientierte abhängig machen. Es gibt nichts, was man nicht auch gierig haben möchte. Natürlich denken wir zuerst an Wertgegenstände aller Art, von deren Besitz wir uns abhängig machen. Gegenstände des Habens können aber auch andere Menschen, die eigenen Kinder, der Beruf, bestimmte Ideen, Werte und Ideale sein. Der Besitz der Wahrheit, der Gerechtigkeit und vor allem der Ehre kann das gesamte Leben so stark bestimmen, dass es seinen Sinn verliert, wenn man nicht im Besitz der Wahrheit oder Ehre ist. Es gibt nichts, was nicht auch gehabt werden kann. Und selbst der Asket, der sich vom Nicht-Haben her bestimmt, kann ein am Haben Orientierter sein, wenn sein Leben sinnlos wird, sobald er es nicht am Verzicht ausrichten kann.

Das Buch ‹Haben oder Sein› wurde in sehr viele Sprachen übersetzt. Worin liegt seine bleibende Bedeutung?

Als das Buch 1976 veröffentlicht wurde, traf es vor allem in Europa auf eine ganz starke Resonanz. Es wurde zum Kultbuch für eine Generation, die genug hatte vom Wohlstand und der Anhäufung von materiellem Besitz, der diese Menschen nicht wirklich glücklicher machte. Mit der neoliberalen Wirtschaftsideologie wurde das Haben-Wollen in Gestalt von Wirtschaftswachstum, Globalisierung der Arbeitsmärkte, Rendite und Profitstreben ganz offen proklamiert – und löste bei vielen Menschen verstärkt eine Suche nach Alternativen aus.

Die bleibende Bedeutung und Aktualität des Buches *Haben oder Sein* sehe ich vor allem im Blick auf eine Generation, deren Lebensweise vom digitalen und elektronischen Verbundensein bestimmt ist. Für sie macht es keinen Sinn, Wertgegenstände zu besitzen. Sharing ist angesagt. Aber solches Sharing und Teilhaben ist nur möglich, wenn man verbunden ist und Zugang hat, um die fantastischen Möglichkeiten der Kommunikation, Wissensaneignung und Kreativität gebrauchen und nutzen zu können. Fromm schreibt in seinem Buch immer wieder, wie abhängig sich die

Menschen vom Haben und *Gebrauchen* machen. Wir sind zwar nicht mehr vom Besitz abhängig, aber vom Zugang-Haben – mit all den existenziellen Folgen, wenn dieses Zugang-Haben nicht möglich ist und wir auf unsere Eigenkräfte verwiesen sind.

14

Der autoritäre Charakter und seine Aktualität

Erich Fromm hat schon in den 1930er Jahren eine psychologische Theorie des autoritären Charakters entwickelt. Was meint Fromm damit?

Es war ja schon immer wieder von Fromms Theorie des autoritären Charakters die Rede, vor allem wenn es um Nazismus und Faschismus ging. Aber das Phänomen des autoritären Charakters zeigt sich nicht nur auf politischer Ebene, sondern auch in anderen Abhängigkeitsstrukturen, die sich dadurch auszeichnen, dass eine Autorität das Sagen hat und Herrschaft ausübt, und dass andere unterwürfig sein wollen und die Autorität idealisieren und ihr zu gehorchen bereit sind. Dass es zu einer solchen Sozialcharakterbildung kommen kann, hängt nicht nur von politischen Machtverhältnissen ab, sondern auch von den Hierarchiebildungen in Wirtschaft, Kultur, Religion, Gesellschaft und Familie.

Wie erklärt aber Fromm, dass Menschen sich einer Autorität unterwerfen und ihr willig gehorchen, unabhängig davon, ob die Autorität tatsächlich Kompetenzen und Führungsqualitäten vorzuweisen hat?

Die Frage enthält bereits eine wichtige Einsicht: Nicht jede Abhängigkeits- und Autoritätsbeziehung ist auch autoritär. Um von einer autoritären Beziehung sprechen zu können, müssen drei Voraussetzungen erfüllt sein: (1) die Autorität muss beim Herrschaft-Ausüben offen oder verdeckt etwas Sadistisches zeigen, mit dem sie ihre Überlegenheit unter Beweis stellen will und andere in der Abhängigkeit von sich halten will; (2) der Unterwürfige zeigt immer etwas Masochistisches, erlebt sich klein, schwach, sündig, unvermögend, ohne eigenen Willen und völlig von der Stärke oder Gnade der Autorität abhängig; (3) beide, die Herrschaft ausübende und die unterwürfige Person, stehen in einer so intensiven emotionalen Beziehung zueinander, dass sie ohne den je anderen nicht leben können. Diese existenzielle Abhängigkeit – Fromm spricht von einer Symbiose – wird natürlich von der Autorität meist nicht zugegeben, lässt sich aber dennoch regelmäßig beobachten, wenn eine solche Autorität ihren Herrschaftsanspruch verliert.

Warum aber dieses Gefühl der existenziellen und emotionalen Abhängigkeit?

Fromm erklärt das so: Der Unterwürfige entledigt sich auf Druck des Herrschenden dadurch jener autonomen Eigenkräfte, die ihn selbst kompetent, wissend, stark, eigenständig, frei sein lassen, dass er sie auf die Autorität projiziert. *Diese* ist nun mächtig, weise, erhaben, stark, fürsorglich, wohlwollend, gnädig usw. Dadurch, dass der Unterwürfige sich gleichzeitig der Autorität unterwirft, um mit ihr symbiotisch verbunden zu sein, gelingt es ihm, an seinen auf die Autorität projizierten Eigenkräften sekundär wieder Anteil zu bekommen. Er kann sich selbst aber nur gut, wertvoll und vermögend fühlen, insofern er dies einem anderem verdankt.

Diese starke emotionale Abhängigkeit voneinander findet in dem von Theodor W. Adorno und seinen Mitarbeiterinnen und Mitarbeitern entwickelten Konzept der autoritären Persönlichkeit kaum Beachtung. Bei dieser sehr viel bekannteren Theorie des autoritären Charakters von Adorno spielen die für Fromm wichtigen Einsichten in die psychische Dynamik und emotionale Bindung zwischen Herrschaft Ausübenden und Unterwürfigen nicht die entscheidende Rolle.

Von der Gruppe um Adorno wurde ja die sogenannte F-Skala entwickelt, mit der sich empirisch Faschismus und Autoritarismus messen lassen. Wie sah Fromm dieses Verständnis von autoritärem Charakter?

Fromm sah in solchen Einstellungs-Untersuchungen die psychoanalytische Erkenntnis der emotionalen Abhängigkeit nicht wirklich berücksichtigt. Auch leidet eine solche Autoritarismusforschung bis heute daran, dass sie die unbewussten Strebungen zu wenig berücksichtigt. Dies wirkt sich auch auf die Frage aus, wie aktuell der autoritäre Charakter heute noch ist.

Wie würden Sie die Frage der Aktualität des autoritären Charakters aus der Frommschen Perspektive einschätzen?

Global gesehen spielt der autoritäre Charakter, wie ihn Fromm verstanden hat, politisch noch immer eine große Rolle. Der Angriffskrieg von Putin ist vielleicht der beste Beleg dafür. Am stärksten ausgeprägt, und zwar als Führer-Autoritarismus, ist er derzeit sicher in Nordkorea, wo die Funktionsträger in jedem zweiten Satz die Weisheit des großen Führers beschwören. Die Staaten des real existierenden Sozialismus waren sehr autoritär organisiert, wobei eben die kommunistische Partei und die sozialistische Idee die unhinterfragbaren irrationalen Autoritäten waren, denen man sich unterwerfen musste. In etwas modifizierter Weise trifft ein solcher Autoritarismus sicher noch heute auf die Politik Chinas zu. Im Sattel sitzt der Autoritarismus, wie ihn Fromm versteht, in einer Reihe von muslimisch geprägten Staaten, oft stark verquickt mit einem Patriarchalismus, wo das Herrschen den Männern und das Gehorchen den Frauen von Natur aus zugeschrieben wird. In vielen anderen Staaten ist die Dominanz des politischen Autoritarismus noch vorhanden, wird aber zugleich in Frage gestellt, weshalb es zu heftigen Auseinandersetzungen kommt – so etwa in Belarus und einigen Satellitenstaaten der früheren Sowjetunion.

Zu Unrecht werden meines Erachtens viele rechtspopulistischen Bewegungen in Europa und Amerika dem autoritären Charakter zugerechnet. Bei Trump, Le Pen, Wilders oder den Brexit-Populisten geht es um die Sicherung der eigenen Identität durch Nationalismus, Rassismus und andere Formen der eigenen Großartigkeit und der Entwertung anderer, die nichts oder nur minimal mit Herrschaft und Unterwürfigkeit und vor allem nichts mit existenzieller Abhängigkeit voneinander zu tun hat. Der Rechtspopulismus hat aber sehr viel mit einer narzisstischen Großartigkeit des Eigenen und einer Entwertung von allem, was das Eigene nicht spiegelt zu tun – also mit einem narzisstischen Sozialcharakter.

15

Die eigene Großartigkeit: der narzisstische Charakter

Im Zusammenhang mit dem Rechtspopulismus kam bereits die Rede auf den Narzissmus als einer immer bedeutsameren Charakterorientierung. Was versteht Erich Fromm unter Narzissmus?

Vielleicht ist es zunächst hilfreicher zu fragen, was Fromm nicht unter Narzissmus versteht, denn es gibt heute eine Tendenz – auch in der Psychologie –, jede Beziehung zu sich selbst als Narzissmus anzusehen. Erinnert sei hier an Fromms Ansatz, der die meisten psychischen Phänomene aus der existenziellen Notwendigkeit erklärt, auf die Wirklichkeit, auf andere und eben auch auf sich selbst bezogen sein zu müssen. Von dorther hat das Bezogensein auf sich selbst zunächst nichts mit Narzissmus zu tun. Allerdings gibt es eine Reihe von Formen der Bezogenheit auf sich selbst, die eine übermäßige Betonung des Eigenen zum Ausdruck bringen wie habsüchtiges Verhalten oder eine besondere Eitelkeit.

Von Narzissmus spricht Fromm nur dann, wenn diese übermäßige Betonung des Eigenen darin besteht, dass das Eigene nur *idealisiert*, also großartig wahrgenommen wird, während alles Nicht-Eigene *entwertet* wird und deshalb als schlecht, böse, gefährlich empfunden wird. Idealisierung des Eigenen und Entwertung des Fremden, Anderen, Nicht-Eigenen, sind die Hauptmerkmale einer narzisstischen Bezogenheit auf sich selbst. (In

Klammern ist hinzuzufügen, dass es diese verzerrte Wahrnehmung auch umgekehrt gepolt gibt: dass alles Eigene entwertet und als sündig, schlecht und negativ erlebt wird, während das Nicht-Eigene idealisiert wird. Auch dies ist eine Erscheinungsform des Narzissmus, auf die ich hier aber nicht eingehen möchte.)

Nun spricht Fromm aber von einem narzisstischen Charakter, so dass also Bezogenheitserfahrungen dazu führen, dass es zu einer narzisstischen Charakterbildung kommt. Welche sind dies?

Im Kern gilt sowohl für die individuelle Charakterbildung als auch für die Sozialcharakterbildung, dass die Idealisierung des Eigenen (des eigenen Körpers, der eigenen Fähigkeiten, der eigenen Ehre, des eigenen Erfolgs, der eigenen Kinder usw.) immer eine Folge sehr unerträglicher Selbstverlust- und Unwerterfahrungen ist. Bei der individuellen Charakterbildung hat dies zum Beispiel mit Kindheitserfahrungen zu tun, nicht wirklich akzeptiert oder nur als Belastung erlebt worden zu sein oder gar als Versager, der besser nie geboren worden wäre. Ein anderer Grund kann sein, dass man schon als Kind immer nur auf Händen getragen und idealisiert wurde, so dass alles Mittelmäßige, Schwierige, Erfolglose keine Chance hatte, akzeptiert zu werden. Die «Rettung» liegt in beiden Fällen dann darin, sich in der Fantasie großartig zu erleben und alles Negative bei sich selbst zu verleugnen und stattdessen bei anderen zu sehen.

Wenn immer solche Menschen dann mit einer kritischen und schwierigen, aber realen Seite von sich konfrontiert werden, erleben sie dies als einen lebensbedrohlichen Angriff auf ihr Selbst und wehren sich mit viel Wut und Aggression dagegen. Narzisstische Menschen denken also meist nicht nur in einem Entweder-Oder-Muster, wo es nichts dazwischen gibt, kein Sowohl-Als-auch; sie sind zudem auch sehr verletzlich und reagieren mit Wut, wenn ihre grandiose Vorstellung von sich selbst durch Dritte in Frage gestellt wird.

Für die individuelle Charakterbildung klingt dies plausibel. Für eine Sozialcharakterbildung müssten dann aber gesellschaftliche Entwertungen ausgemacht werden können. Welche lassen sich hier nennen, die erklären können, warum es gerade heute bei immer mehr Menschen zu einer solchen Gesellschafts-Charakterbildung kommt?

Hier gibt es meines Erachtens auf der Hand liegende Entwertungserfahrungen, die viele Menschen heute auch so erleben, und andere, denen wir uns nur mehr oder weniger bewusst sind. Die offen zu Tage liegenden Entwertungen haben etwas mit der rasanten technischen Entwicklung zu tun, wo gelernte Berufe hinfällig werden, Großkonzerne Milliardengewinne auf Kosten der Geringverdienenden machen und Belegschaften zum Spielball von Renditejägern werden.

Ein anderer Grund hat mit der Globalisierung von Produktion und Arbeit zu tun, die Arbeitsplätze vernichten bzw. ArbeitnehmerInnen in zunehmendem Maße zu SelbstunternehmerInnen machen mit der Folge, dass diese sich selbst immer mehr Leistung abverlangen und sich ausbeuten. Der Abbau sicherer Arbeitsplätze und der sozialen Sicherungssysteme und die Flexibilisierung aller ökonomischen und sozialen Prozesse führen dazu, dass Beruf und Gesellschaft immer weniger Halt geben und kaum mehr das Selbstwerterleben sichern helfen. Da wundert es nicht, dass sich viele Menschen immer bedeutungsloser und unwert erleben und alle Mühe haben, noch ein positives Selbsterleben und Selbstwerterleben zu spüren.

Es gibt aber gerade in unserer Zeit auch Entwertungserfahrungen, an denen wir aktiv beteiligt sind, aber nicht merken wollen, dass wir uns dadurch immer weniger selbst positiv spüren können. Gerade in Gesellschaften, in denen die Marketing-Orientierung dominant ist, haben Menschen nur dann Erfolg, wenn sie sich Persönlichkeitszüge antrainieren statt ihre eigenen geistigen und emotionalen Kräfte zu spüren und zu praktizieren. Ein positives Selbstwerterleben hängt aber psychologisch davon ab, dass wir uns als selbstwirksam erleben können. Es kommt hinzu, dass uns der Gebrauch der fantastischen Wunderwerke der Technik auf Schritt und Tritt spüren lässt, dass diese um vieles mehr können, als wir selbst je könnten. Vor allem diese Entwertungserfahrung wollen wir nicht wahrhaben, weil *wir* es doch sind, die mit Hilfe der Technik (fast) alles können. Ohne sie aber sind wir nichts!

16

Nationalismus und andere Formen des Gruppennarzissmus

In seinem Buch ‹Die Seele des Menschen› spricht Fromm nicht nur vom narzisstischen Sozialcharakter, sondern auch von der Bedeutung, die dieser für den Gruppennarzissmus hat. Was meint Fromm mit Gruppennarzissmus?

Die Theorie des narzisstischen Sozialcharakters hat Erich Fromm auch dazu gebracht, eine psychologische Theorie über traditionelle und gegenwärtige Phänomene zu entwickeln, die das Großartigkeitserleben von Gruppen, Nationen, Rassen, Religionen, Vereinen usw. betreffen. Ausgangspunkt hierfür war die Beobachtung, dass gerade gesellschaftlich bedeutungslose Klassen oder Gruppierungen dafür anfällig sind, sich solchen politischen und religiösen Führern anzuschließen, die sich als Retter und Erlöser anboten. Das Paradebeispiel für Fromm war das verarmte und bedeutungslose Kleinbürgertum in Deutschland, das wesentlich zur Machtergreifung Hitlers beitrug.

Die Grundidee des Gruppennarzissmus lässt sich so beschreiben: Die mehr oder weniger bewussten Gefühle der eigenen Ohnmacht, Wertlosigkeit und Bedeutungslosigkeit bei einer sozialen Gruppe werden dadurch aus dem Bewusstsein verdrängt, dass man sich mit einer narzisstischen Größenidee oder großartigen Person, Institution oder Organisation identifiziert, um als Fan, Patriot, Gläubiger oder Parteigänger durch deren Großartigkeit sich selbst groß und wert erleben zu können.

Sind dann alle Patrioten und Gläubige automatisch Narzissten?

Da muss man in der Tat genauer hinschauen: Zum Narzissmus gehört nach Fromm immer eine verzerrte Wahrnehmung der Wirklichkeit. In der Regel wird das Eigene idealisiert und das Fremde und Nicht-Eigene entwertet. Bereits daran lässt sich die narzisstische Komponente einer Vaterlandsliebe oder Religion ausmachen: Je größer die eigene Nation ist und je unzivilisierter und schlechter die anderen Nationen sind, desto mehr Narzissmus ist im Spiel.

Ist der Narzissmus noch stärker ausgeprägt, dann kommt es nicht nur zu einer *Entwertung* von allem, was nicht so aussieht, wahrgenommen und erlebt wird wie das Eigene, sondern auch zu *Projektionen* und *Feindbildern*. Jene Aspekte, die bei einem selbst oder bei der eigenen Gruppierung verleugnet werden müssen – das Aggressive, Ungebildete, Gottlose, Hemmungslose, Brutale, Falsche oder Verlogene – werden auf diese Anderen projiziert und dort aktiv bekämpft. Ein eindrückliches Beispiel auf politischer Ebene aus der jüngeren Geschichte war Donald Trumps Außenpolitik der aktiven Abschottung, seine Rede von «Schurkenstaaten» und sein Kampf gegen die «Achse des Bösen».

Nationalismus und Rassismus sind also keine neuen Erscheinungen. Den Gruppennarzissmus hat es in Wirklichkeit schon immer gegeben.

Ja, der Gruppennarzissmus scheint sich durch die Geschichte der Menschheit wie ein roter Faden zu ziehen. Man denke nur an die großen gruppennarzisstischen Phänomene wie den Nationalismus, die Religionskriege, Kreuzzüge und Heilige Kriege, den nationalsozialistischen Rassismus und den Rassismus gegenüber Farbigen oder Indigenen, die Genozide, den Kolonialismus, den Geschlechterkampf, die Hexenverfolgung usw.

Neu ist eigentlich nur, dass Fromm mit dem Gruppennarzissmus eine wichtige psychische Dimension solcher Phänome aufgedeckt hat. Der Gruppennarzissmus zeigt sich in der Gegenwart zum Teil mit neuem Gesicht. Neben den bekannten Formen von Nationalismus und Rassismus gibt es den Rechtspopulismus und lassen sich ausgeprägte Fan-Kulturen etwa im Sport oder neue Formen des Fundamentalismus in Religion oder Politik beobachten. Ihnen allen gemeinsam ist eine zum Teil hohe Gewaltbereitschaft. Ganz zu schweigen vom religiös motivierten Terrorismus und vom islamistischen Selbstmord-Terrorismus.

Gibt es auch Anzeichen, die Hoffnung geben, dass der so gefährliche Gruppennarzissmus an Bedeutung verliert?

Sicher hat die Globalisierung der Wirtschaft und die Zunahme der Mobilität auch dazu geführt, dass Projektionen und Feindbilder weniger geworden sind und dass Toleranz und die Sorge um die Eine Welt – zumal angesichts des Klimawandels – etwas Verbindendes geworden sind. Auch wird mit steigendem Wohlstand und mehr Bildung dem Gruppennarzissmus der Nährboden entzogen.

Andererseits führen andere Entwicklungen wie die zunehmende Auflösung Halt gebender sozialer Strukturen und kultureller Bindungen zu Verunsicherungen im Selbsterleben. Nicht zu vergessen: Die Abhängigkeit von global operierenden Großkonzernen und von deren technischen Errungenschaften führt zu meist nicht bewusst erlebten Gefühlen der Ohnmacht und der Bedeutungslosigkeit, die gruppennarzisstische Auswege zum Erhalt eines positiven Selbsterlebens befördern. Ein guter Orientierungspunkt für die Frage, ob der so gefährliche Gruppennarzissmus zunimmt oder abnimmt, sind das Ausmaß und die Stärke von Projektionen des Negativen und von Feindbildern.

Welche Wege sieht Fromm selbst, um den Narzissmus und insbesondere den Gruppennarzissmus zu überwinden?

Für Fromm selbst ist die beste Gegenstrategie gegen alle Erscheinungsweisen des Narzissmus ein *gelebter Humanismus*, bei dem der universale Mensch zum Maßstab des Handelns und aller Veränderungen gemacht wird. Die Erkenntnis, dass in jedem Menschen die Vielfalt der Menschheit zumindest potenziell gegenwärtig ist, macht das Fremde zum Eigenen und überwindet ein Selbsterleben, bei dem der Andere und das Fremde zur Bedrohung des Eigenen wird. Allerdings muss ein solcher Humanismus in allen Bereichen zum Maßstab werden und auch praktiziert werden: bei der Art des Wirtschaftens, bei der Organisation der Arbeit, beim Umgang mit der Technik, beim gesellschaftlichen Zusammenleben, bei der Auflösung von sozialer Ungleichheit bis hin zu einer humanistischen Religiosität, bei der Erfahrungen des Nicht-Verfügbaren gemacht werden.

17

«Was anzieht, ist immer das Lebendige» – die Gefährdung der Biophilie

Das Buch ‹Die Seele des Menschen› aus dem Jahr 1964 scheint ein besonders wichtiges Buch zu sein. In ihm hat Fromm nicht nur mit seinen Theorien zum Narzissmus bekannt gemacht, sondern auch seine These über Biophilie und Nekrophilie erstmals veröffentlicht. Was kennzeichnet Fromm mit diesen Begriffen?

Nun, «Biophilie» heißt wörtlich «Liebe zum Leben», wobei Fromm damit die Liebe zum *Lebendigen* und das Angezogensein vom Lebendigen meint. «Nekrophilie» heißt wörtlich «Liebe zum Toten» (also nicht zum Tod, sondern zum *Toten*), wobei Fromm in erster Linie das Angezogensein vom Leblosen und rein Dinglichen und Berechenbaren meint.

Beide Begriffe entstanden in anderen Zusammenhängen: Der Begriff «Biophilie» wurde von Erich Fromm im Zusammenhang mit dem Begriff «Nekrophilie» entwickelt und bezeichnet die allem Leben innewohnende Tendenz, die Möglichkeiten einer bestimmten Lebensform auch realisieren zu wollen. Für die Spezies Mensch heißt dies, auch seine neuronalen Möglichkeiten der Selbstreflexivität und der Imaginationskraft optimal zu entwickeln.

Der Begriff «Nekrophilie» ist in der Kriminologie beheimatet und kennzeichnet dort einerseits den sexuellen Umgang mit Leichen, andererseits die Lust, Lebendiges dadurch zu vernichten, dass es zerstückelt wird.

Fromm wendet beide Begriffe auf seine Charaktertheorie an und nutzt sie, um die Qualität der Strebungen des Charakters zu kennzeichnen: entweder sie fördern das menschliche Wachstum oder sie behindern es.

Nun hat Fromm dies bereits mit den Begriffen menschlich «produktiv» und «nicht-produktiv» bzw.– später – mit «am Sein orientiert» oder «am Haben orientiert» getan. Warum hier «biophil» und «nekrophil»?

Soweit ich sehen kann, entstand der Begriffsgebrauch im Zusammenhang mit einer äußersten Sorge Fromms um das Überleben der Menschheit, als diese im Herbst 1962 mit der Kubakrise in einen atomaren Dritten Weltkrieg hineinzuschlittern drohte. Wie einem Brief von ihm zu entnehmen ist, war er nachts damit beschäftigt, einen Aufruf an die Menschheit zu formulieren. Die Sorglosigkeit so vieler Menschen um das Überleben und die Kriegslüsternheit der Regierungen ließ den Gedanken entstehen, dass zu viele Menschen nicht mehr vom Lebendigen angezogen werden, sondern (meist unbewusst) von Destruktivität und Todbringendem (und dass er deshalb in dem Aufruf ihre Liebe zum Lebendigen ansprechen wollte).

Zweifellos stand dabei auch Sigmund Freud Pate, der 1920 seine Triebtheorie neu formulierte und von einem angeborenen Lebens- und Todestrieb sprach. Anders als für Freud war für Fromm allerdings klar, dass höchstens der Lebenstrieb angeboren sein kann, während die bewusste und unbewusste Lust an der Zerstörung erst eine Folge der Vereitelung der biophilen Wachstumskräfte ist.

Fromm glaubte also wirklich, dass der Sozialcharakter der Mehrheit der Menschen nekrophil sein könnte?

Der Gedanke, dass das meist unbewusste Angezogensein vom Destruktiven und Toten Ausdruck einer Sozialcharakterbildung sein könnte, war Fromm selbst zunächst unheimlich. Er brachte seine Gedanken zu Papier und schickte sie zuerst einer Reihe von Wissenschaftlern zur Kommentierung. Erst dann veröffentlichte er den Text mit wenigen Änderungen 1964 in *Die Seele des Menschen.* Ab da ließ ihn der Gedanke nicht mehr los, dass die Entfremdung des Menschen hauptsächlich in seinem Angezogensein vom Leblosen statt vom Lebendigen bestehen könnte.

Wo lässt sich heute ein Angezogensein vom Leblosen beobachten?

Fromm thematisierte das Problem des Angezogenseins vom Leblosen insbesondere beim Umgang des Menschen mit der Technik, beim Wissenschaftsverständnis und in der Psychologie sowie bei den spezifisch menschlichen Aggressionsarten. Letzteres geschah in dem Buch *Anatomie der menschlichen Destruktivität,* in dem Fromm unter anderem den Charakter von Adolf Hitler analysierte und dabei zu dem Ergebnis kam, dass sein Denken, Fühlen und Handeln zunächst in abgewehrter, dann in offener Form von der Faszination für das Destruktive und Tote bestimmt war.

Wie bei der Charakterbewertung «am Haben» oder «am Sein orientiert», so unterstreicht auch die Kennzeichnung «biophil» bzw. «nekrophil» einen speziellen Aspekt der produktiven oder nicht-produktiven Qualität eines Charakters – nämlich die Beziehung des Menschen zum Leben. Und genau in dieser Hinsicht ist diese Unterscheidung von höchster Aktualität. Die fantastischen Möglichkeiten der Digitalisierung lassen elektronische Medien und Algorithmen als höchst lebendig und kreativ – also Leben hervorbringend – erscheinen. In Wirklichkeit können diese Effekte nur erzielt werden, indem das komplexe Leben ausschließlich quantifiziert wird, um es wie leblose Dinge berechenbar zu machen, statt es auch mit qualitativen und verstehenden Größen wissenschaftlich zu erfassen.

Ein biophiles – Fromm sprach von einem «humanistischen» – Wissenschaftsverständnis und eine biophile Technik würden sich dadurch auszeichnen, dass schon in der Schule der Unterschied zwischen Lebensaspekten gelernt wird, die berechenbar sind und über die man mit Hilfe der Technik tatsächlich verfügen kann, und solchen, die nur erlebt, gespürt, gedacht oder fantasiert werden können und also unverfügbar sind.

18

Woher kommt das Destruktive beim Menschen?

Das Buch ‹Anatomie der menschlichen Destruktivität› aus dem Jahr 1973 wurde bereits erwähnt. Was ist das Besondere dieses Buches?

Beginnen wir mit zwei äußeren Aspekten, warum dieses Buch etwas Besonderes ist. Erich Fromm ist weltweit als Autor von *Die Kunst des Liebens* bekannt, aber nicht als Autor eines mindestens ebenso wichtigen Buches, das danach fragt, woher das Destruktive beim Menschen kommt und welche besonderen Formen es zeigt. Bereits hier wird deutlich, dass wir uns lieber mit der Frage unserer Liebesfähigkeit beschäftigen als mit unserer Aggressionsbereitschaft.

Der andere besondere Aspekt dieses Buches hat mit der Gründlichkeit zu tun, mit der Fromm nach seiner Emeritierung an der Universität in Mexiko-Stadt an diesem Buch fast sieben Jahre lang gearbeitet hat. Er hat sich in unterschiedlichste Wissenschaftszweige eingelesen, vor allem in die damals noch «Neurophysiologie» genannte Erforschung des Gehirns; er hat nicht nur die wichtigsten Veröffentlichungen zur Aggressionstheorie gelesen, sondern sich mit Wissenschaftler aus der vergleichenden Verhaltensforschung, der Primatenforschung, der Evolutionsbiologie oder der Frühgeschichte des Menschen brieflich ausgetauscht.

Gab es einen besonderen Anlass für Fromm, eine so umfassende Studie zu schreiben?

Eigentlich war die Aggressionsfrage beim Menschen nur ein kleiner Teilaspekt eines auf vier Bände geplanten Werkes über die Theorie und Praxis der Psychoanalyse, die Fromm ab 1966 schreiben wollte. Am Ende ist aus dem ursprünglichen Vorhaben nur dieser Band realisiert worden. Dass Fromm sich mit der Frage der Destruktivität und des Bösen beim Menschen so intensiv auseinandersetzte, hatte vor allem zwei Gründe: Einerseits wollte er der Frage nachgehen, wie die besondere Destruktivität beim Menschen zu erklären ist. Die Todestriebtheorie Freuds besagte ja, dass hier ein angeborener Trieb zur Destruktivität befriedigt wird. Eine solche These ließ sich nur mit gesicherten Ergebnissen empirischer Forschungen widerlegen, die vor allem für die nächsten Verwandten des Menschen, die Primaten, vorlagen.

Es gab aber noch einen anderen Anlass: Der Nobelpreisträger Konrad Lorenz hatte 1963 ein Buch mit dem Titel *Das sogenannte Böse* veröffentlicht. In diesem versuchte Lorenz nachzuweisen, dass die Aggressivität und Destruktivität des Menschen (das «Böse») tierischen Ursprungs ist und dass deshalb die Destruktivität des Menschen nicht grundsätzlich zu verhindern sei.

Welche Befunde und Antworten fand Fromm, um Freud und Lorenz zu widerlegen?

Im Ergebnis argumentiert Fromm damit, dass spezifische Formen der Aggressivität bei der Spezies Mensch nachweisbar sind, die sich bei den tierischen Vorfahren nicht finden lassen. Dabei legt Fromm zunächst sehr ausführlich dar, dass es sehr wohl eine angeborene Aggression beim Menschen gibt, die er mit dem Tier gemeinsam hat, die aber immer nur in Erscheinung tritt, wenn es darum geht, das eigene Überleben zu sichern. Deshalb nennt

Fromm sie eine «defensive» Aggression. Sie tritt nur in Erscheinung, wenn es um die Verteidigung des Lebens geht.

Beim Menschen aber gibt es auch Aggressionsformen, die sich permanent ausleben wollen, und dies unabhängig von Gefahrensituationen. Fromm nennt solche Formen charakterbedingt. Die Strebung ist permanent da und wartet nur darauf, ausgelebt zu werden; notfalls schafft sich die Strebung selbst Anlässe, um ausgelebt zu werden.

An welche spezifisch menschlichen Aggressionsformen denkt Fromm hier?

Es sind vor allem zwei, die Fromm detailliert beschreibt: die sadistische Destruktivität und die nekrophile Destruktivität. Dass jemand aus Lust am Quälen andere Lebewesen quält, das gibt es nur beim Menschen; ebenso lässt sich eine Destruktivität als Selbstzweck – einfach weil es Spaß macht zu zerstören und Gewalt anzuwenden – nur beim Menschen finden.

Nicht ganz so ausführlich begründet wird noch die narzisstische Wut und Destruktivität, die bei einem verletzten Narzissmus freigesetzt wird und entweder zur Vernichtung anderer Wesen oder Gegenstände oder zur Selbstvernichtung führen kann. Von dorther erklärt sich auch, dass der Suizid als gezielte Selbstvernichtung nur beim Menschen zu finden ist.

Liefert Fromm eine nähere Begründung, warum der Mensch zu diesen Formen gewaltsamer Destruktivität fähig ist?

Fromm geht, wie bereits ausgeführt, davon aus, dass der Mensch mit den neuronalen Fähigkeiten auch fähig ist, sich, sein Leben, sein Tun, seine Wünsche usw. zum Gegenstand seines Interesses zu machen und über ein Vorstellungsvermögen zu verfügen, das keine Basis in der Wirklichkeit und der sinnlichen Wahrnehmung hat. Diese Situation ermöglicht ihm, nötigt ihn aber auch, neue Formen der Bezogenheit zu entwickeln. Er kann auch solche entwickeln, die seiner biophilen Tendenz zuwiderlaufen und dazu führen, dass sich die angelegte Wachstumsdynamik in eine Verfallsdynamik verkehrt und er seine Situation nicht kreativ, sondern destruktiv verändern möchte. Das «Böse» hat also nach Fromm seinen Grund im Menschen, näherhin in dessen Möglichkeit und Fähigkeit, die konstruktiven Potenziale zu blockieren.

19

Wissenschaft und Politik lassen sich nicht trennen

Erich Fromm war nicht nur ein bedeutender Wissenschaftler, sondern auch ein überzeugter Humanist. Worin zeigt sich dies?

In erster Linie natürlich darin, dass Wissenschaft nicht die Augen davor verschließen darf, von welchen Werten und Menschenbildern sie ausgeht und wofür wissenschaftliche Erkenntnisse genutzt werden. Sein Ziel war nicht nur eine humanistische Wissenschaft, in der die Frage des psychischen Wohl-Seins von Individuum und Gesellschaft im Mittelpunkt des Interesses steht; ihm ging es vor allem darum, dass im gesellschaftlichen und politischen Handeln dieser humanistische Wert auch umgesetzt wird. Sein Bekenntnis zu einem humanistischen Sozialismus ist Ausdruck dieses Bestrebens und zugleich eine logische Konsequenz seines Ansatzes. Für Fromm werden die in einer Gesellschaft gelebten Werte vor allem durch die sozio-ökonomische Lebenspraxis bestimmt. Positive Veränderungen sind deshalb nur möglich, wenn auch wirtschaftliches, gesellschaftliches und politisches Handeln humanistische Werte praktiziert.

War Fromm ein politischer Aktivist?

Versteht man unter einem politischen Aktivisten jemanden, der sich in die Politik einmischt, dann war Fromm ein Aktivist. Meist versteht man unter politischen Aktivisten aber Menschen, die auf die Straße gehen, um damit öffentlich etwas zu bewirken. Dies hat Fromm nur sehr punktuell getan. Er sah seine Möglichkeiten der Einmischung vor allem in psychologischen Analysen politischer Problemlagen und darin, diese über persönliche Kontakte zu Politikern und Bewegungen wirksam werden zu lassen.

Gibt es dafür Beispiele?

Hinsichtlich seiner psychologischen Analysen wurde bereits die Analyse des Nazismus in *Die Furcht vor der Freiheit* erwähnt. Ein ganzes Buch hat Fromm 1961 über die amerikanische Außenpolitik geschrieben unter dem programmatischen Titel *Es geht um den Menschen!* In ihm analysiert er die gegenseitigen Projektionen und Unterstellungen in der amerikanischen und der sowjetischen Außenpolitik und kontrastiert diese mit den tatsächlichen Gegebenheiten; diese haben in Wirklichkeit wenig mit der revolutionären Rhetorik zu tun. Auch die planwirtschaftliche Bürokratie des sowjetischen Staatskapitalismus zielt auf einen «Wohlstand für alle», so dass sich die Systeme in Wirklichkeit gar nicht so Feind sind.

Zu Fromms politischer Einflussnahme über persönliche Kontakte und seine Unterstützung von Bewegungen könnte man ein ganzes Buch schreiben. Dabei fällt auf, dass er fast immer die Bedrohung der ganzen Menschheit im Blick hatte. 1957 war er der Mitbegründer der größten Friedensbewegung der USA, die den Namen *SANE* hatte und für eine «sane nuclear policy» kämpfte. Die Bedrohung durch atomare Waffen im zunehmend frostiger werdenden Kalten Krieg bestimmte für viele Jahre Fromms politische Aktivitäten. Mit anderen zusammen verfasste er Kurzanalysen für Abgeordnete und Senatoren in Washington: etwa zur Berlinkrise, zur Kubakrise, zu den Spannungen zwischen der Sowjetunion und China, zum Mord an Kennedy, zur Wiederbewaffnung Deutschlands. Unermüdlich war Fromm auch gegen den Vietnamkrieg im Einsatz.

War Fromm auch parteipolitisch engagiert?

Fromm war zeitlebens ein politisch ganz und gar wacher Mensch, der nur einmal für kurze Zeit Parteimitglied wurde, als er nämlich Ende der 1950er Jahre den Versuch machte, die sozialistische Partei der Vereinigten Staaten für ein neues Parteiprogramm zu begeistern. Der Versuch, den linken Parteikader für seine humanistischen Ideen zu gewinnen, scheiterte allerdings, so dass er wieder austrat. Dies hielt ihn aber nicht davon ab, seine Vorstellungen eines humanistischen Sozialismus weiterzuentwickeln und zum Beispiel mit kritischen Menschen in Polen, der Tschechoslowakei oder im damaligen Jugoslawien zu diskutieren.

Sie deuteten an, dass Fromm auch direkte Kontakte zu Politikern pflegte. Gibt es da Beispiele?

Schon in den 1950er Jahren gab es einen regen Gedankenaustausch und direkte Treffen mit *Adlai Stevenson*, dem Gouverneur von Illinois, der 1952 und 1956 Präsidentschaftskandidat der Demokraten war. Fromms zahlreiche Briefe in *The New York Times* und seine Gastkolumnen dort wurden auch in Regierungskreisen gelesen. So entwickelte sich von 1961 bis zu Fromms Tod eine Freundschaft und ein reger Gedankenaustausch mit *William Fulbright*, der über 15 Jahre den außenpolitischen Ausschuss des amerikanischen Senats leitete. Noch 1975 erarbeite Fromm ein Gutachten über die amerikanische Abrüstung und Entspannungspolitik für diesen Senatsausschuss.

Die meisten Hoffnungen setzte Fromm 1968 auf den amerikanischen Präsidentschaftskandidaten der Demokraten *Eugene McCarthy*. In ihm sah Fromm die Chance, dass in das Weiße Haus ein humanistischer Politiker einziehen könnte. Er schrieb deshalb für ihn Reden, hielt selbst quer durch die USA Wahrkampfreden und finanzierte seinen Wahlkampf mit. Dass es mit der Wahl von Nixon und der Watergate-Affäre stattdessen noch schlimmer kam, war für Fromm schockierend.

20

Weiterentwicklungen des Denkens von Erich Fromm

Das Interesse an Fromm scheint auch mehr als vierzig Jahre nach seinem Tod weltweit noch immer groß zu sein. Welche Entwicklungen sehen Sie?

Erich Fromm war auf dem Gebiet der Psychoanalyse, der Sozialpsychologie und zum Teil auch der Soziologie ein «öffentlicher» Wissenschaftler, also jemand, der es nicht als Journalist, sondern als Wissenschaftler verstand, seine Gedanken über seine Publikationen vielen Menschen nahezubringen und seine Erkenntnisse auf viele Bereiche wie Gesellschaft, Kultur, Politik und Religion anzuwenden. Autoren der «öffentlichen» Wissenschaft leben allerdings davon, dass sie in den Medien präsent sind, Interviews geben, zu aktuellen Problemen Stellung nehmen, usw. Dies kennzeichnete bereits in den 1970er Jahren die Situation: Der bekannteste Psychoanalytiker der Gesellschaft in den USA geriet dort aus dem Blickfeld des öffentlichen Interesses, während er gleichzeitig in Europa immer bekannter wurde.

Dies ist ein gutes Beispiel für die Bedeutung der Medien in unserer Zeit. Und doch ist das Interesse an Fromm – weltweit gesehen – ungebrochen. Woran liegt dies?

Man muss vielleicht richtiger sagen, dass das Interesse an Fromm «vergleichsweise» ungebrochen ist, denn natürlich hat sich der

«Fromm-Boom» in den USA, in Lateinamerika und Westeuropa inzwischen deutlich reduziert. Im Vergleich zu anderen Autoren gibt es aber auch nach Fromms Tod noch ein erstaunlich großes Interesse, sowohl auf wissenschaftlicher Ebene als auch hinsichtlich der Auflagen seiner Schriften. Wie bereits angedeutet, hat dies viel mit den Themen – Freiheit, Liebe, Destruktivität, Gesellschaftsveränderung, Kunst des Lebens usw. – zu tun, die in verschiedenen Kulturen und Ländern der Erde zu richtigen Fromm-Booms führten. Bis heute ist dieses Interesse an Fromm noch spürbar in den mittelost- und osteuropäischen Ländern, in Südkorea und seit bereits geraumer Zeit auch in den arabisch sprechenden Ländern und ganz besonders in der Volksrepublik China.

Das eine ist das anhaltende Interesse an Fromms Schriften, das andere die Aktualisierung und Weiterentwicklung seines wissenschaftlichen Denkens. Wie sieht es damit aus?

Dadurch, dass sich Fromms wissenschaftliches Denken nie am Mainstream in den verschiedenen Wissenschaftszweigen orientierte, findet die Rezeption und Weiterentwicklung gerade des sozialpsychologischen Denkens von Fromm auch eher dort statt, wo Wissenschaft nicht zu stark dem Druck nach Spezialisierung ausgesetzt ist, sondern noch Zusammenhänge erforscht, interdisziplinäre Forschung betreibt und an anwendungsbezogener Wissenschaft interessiert ist. Deshalb sind es eher Sozialphilosophen, Sozialpsychologen, Pädagogen, Psychotherapeuten, Sozialwissenschaftler, Politologen usw., die Frommsches Denken rezipieren und weiterentwickeln.

Lassen sich da Namen nennen?

Der frühere Mitarbeiter von Fromm, Michael Maccoby, hat über viele Jahrzehnte Frommsche Sozialcharaktertheorie angewendet und auch weiterentwickelt. Er forschte zur Humanisierung der Arbeit in großen Unternehmen der USA, aber auch zum Beispiel bei Volvo in Schweden. Auch wandte er Frommsche Erkenntnisse auf die Frage des Managements und guter Führung an.

Im psychotherapeutischen Bereich gibt es zwar keine Frommsche Schulenbildung, doch sind seine Erkenntnisse vor allem in den 25 Psychoanalytischen Gesellschaften aufgegriffen worden, die der von Fromm mitgegründeten International Federation of Psychoanalytic Societies (IFPS) angehören.

Inzwischen gibt es eine Fülle von Forschungen zu Fromms Verhältnis zur Kritischen Theorie der Frankfurter Schule. Vom riesigen Interesse chinesischer Universitäten an Fromms Denken wurde in anderem Zusammenhang schon gesprochen.

Sie selbst sind hier aber auch zu nennen.

Sicherlich habe ich selbst auch dazu beigetragen. Dies fing schon damit an, dass ich noch zu Fromms Lebzeiten eine deutsche Gesamtausgabe seiner Schriften herausgegeben habe und damit systematisch alle Schriften identifiziert habe, die Fromm in seinem Leben geschrieben hat. Ergänzt wurde diese 6.500 Seiten umfassende Gesamtausgabe mit der Publikation von weiteren 1.700 Seiten nachgelassener Schriften. In meiner Funktion als Fromms Rechteverwalter gelang es mir auch, seine Schriften in viele Sprachen übersetzen zu lassen, was Ihnen ja vertraut ist, da Sie selbst eine Reihe der Schriften Fromms ins Arabische übersetzt haben.

Als besonders wirkungsvoll erwies sich 1985 die Gründung der Internationalen Erich-Fromm-Gesellschaft. In ihr sind bis heute ca. 700 Menschen aus vielen Ländern der Erde miteinander verbunden – über die Veröffentlichung von wissenschaftlichen Beiträgen, aber auch über nationale und internationale Konferenzen. Sie alle wollen das Denken Fromms für die Gegenwart lebendig halten. Auf wissenschaftlicher Ebene bedeutet dies, dass vor allem das humanistische und das sozialpsychologische Denken für die Gegenwart weiterentwickelt werden. Dazu hat Fromm, wie wir gesehen haben, eine eigene Methode entwickelt, die die beste Möglichkeit darstellt, Fromm für die Gegenwart weiterzuentwickeln.

21

Der selbstbestimmte Mensch der Postmoderne: Der ich-orientierte Charakter

Wir sprachen von Ihrem Beitrag für die Weiterentwicklung des Denkens von Fromm. Ihr Hauptinteresse liegt dabei auf der Anwendung von Fromms Theorie des Sozialcharakters auf die Gegenwart. Gibt es neben dem von Fromm beschriebenen autoritären, dem am Marketing orientierten und dem narzisstischen Sozialcharakter inzwischen noch einen anderen?

Ja, mein Interesse ist tatsächlich, das Denken von Fromm dadurch für die Gegenwart fruchtbar zu machen, dass seine sozialpsychologische Theorie auf die Gegenwart Anwendung findet. Dieser Theorie zufolge wird das Denken, Fühlen und Handeln jener Menschen, die eine soziale Gruppe bilden, von den spezifischen Lebensbedingungen dieser Gruppe stark beeinflusst. Das, was sie als soziales Milieu, als Nation oder Berufsgruppe ähnlich denken, fühlen und handeln lässt, hat mit den Möglichkeiten und Notwendigkeiten zu tun, wie sie wirtschaften, die Arbeit organisieren, das gesellschaftliche Miteinander gestalten und mit den technischen Möglichkeiten umgehen.

Ihre Betonung der Frage, wie Menschen mit den technischen Möglichkeiten umgehen, scheint mir neu zu sein.

Ja und nein; Erich Fromm hatte diesen Faktor für die Sozialcharakterbildung bereits 1968 in seinem Buch *Die Revolution der Hoff-*

nung im Blick, als er vom technotronen und nekrophilen Menschen sprach. Was er aber noch nicht sehen konnte, ist die Bedeutung des Internets und der digitalen und elektronischen Medien, die Möglichkeiten von Suchmaschinen und Künstlicher Intelligenz.

Tatsächlich wurde mir um die Jahrtausendwende im intensiven Austausch mit Milieuforschern immer deutlicher, dass die sogenannte digitale Revolution eine neue Grundstrebung bei vielen Menschen entstehen lässt. Diese wurden in ihrem Denken, Fühlen und Handeln zunehmend von der Möglichkeit angezogen, Wirklichkeit neu und anders hervorzubringen, ohne Vorgaben durch naturale Grenzen und Gegebenheiten, aber auch ohne Maßgaben durch Gesellschaft, Familie, Religion, Tradition, Sitte und Brauchtum.

Könnte man auch sagen, dass die Postmoderne, die es in der Kunst und in der Philosophie schon seit Jahrzehnten gab, nun endlich in der Mitte der Gesellschaft angekommen war?

Ja, so könnte man sagen, und damit hat sich das Gesicht des postmodernen Menschen zugleich auch etwas verändert. Es tritt im Verhalten von Menschen immer mehr eine Art von Selbstbestimmung in den Vordergrund, die keinerlei Rücksicht auf etwas Bindendes und Einschränkendes akzeptiert, weshalb ich diesen neuen Sozialcharakter den «ich-orientierten Charakter» genannt habe. Ich bin ich, und niemand hat das Recht, mir irgendwelche Vorgaben zu machen. Ich möchte mich völlig frei und ungebunden selbst bestimmen können.

Auf welche Veränderungen in Wirtschaft und Gesellschaft lässt sich eine solche grenzenlose Freiheit zurückführen?

Das Besondere bei dieser Sozialcharakterbildung ist schon, dass die wirtschaftlichen, beruflichen und gesellschaftlichen Veränderungen auch erst durch die fantastischen Möglichkeiten digitaler Technik, elektronischer Medien und der Vernetzungstechnik möglich wurden. Die digitale Revolution schlägt sich dann in der Erfahrung nieder, dass alles möglich ist. Wirklichkeit kann mit Hilfe von Simulation und Virtualisierung neu und anders erfunden werden. Unsere Art zu kommunizieren, unsere Wissensaneignung per Suchmaschine, unser Verbundensein über soziale Medien – alles lässt sich neu und anders machen. Man muss dazu nur über die technischen Tools verfügen – und schon kann man ganz selbstbestimmt leben.

Der ich-orientierte Charakter entwickelt ein tief reichendes Streben, selbstbestimmt Wirklichkeit neu und anders zu erschaffen. Kann man damit wirklich erfolgreich sein?

Das ist eine gute Frage. Denn genau um das Streben nach Erfolg geht es beim Marketing-Charakter. Es waren die Milieuforscher in Westeuropa, die beobachteten, dass bevorzugt in künstlerischen und journalistischen Berufen und in der IT-Branche die Lust an der Erzeugung von Wirklichkeit stärker wurde als das Streben, beruflich erfolgreich zu sein. Die Möglichkeit, mit technischer Kreativität Wirklichkeit selbstbestimmt neu und anders hervorbringen zu können, hat die Frage der erfolgreichen Vermarktung bei immer mehr Menschen in den Hintergrund treten lassen.

Ein Blick auf die großartigen Möglichkeiten digitaler Technik macht schnell deutlich, warum das selbstbestimmte Erzeugen von Wirklichkeit so attraktiv ist. So lassen sich bildgebende Verfahren zur Diagnostik in der Medizin entwickeln, die bisher undenkbar waren; mit neuen Messverfahren und Rechenmöglichkeiten kann fast alles berechnet werden, Fertigungsprozesse können automatisiert bzw. durch Roboter erledigt werden; man kann Algorithmen entwickeln, die lernfähig sind – und vor allem, man kann jederzeit und an (fast) jedem Ort mit dem Wissen der Menschheit, mit anderen Menschen, mit kulturellen Ereignissen usw. verbunden sein und frei wählen, was man will.

Natürlich schließt das Streben nach Selbstbestimmung das Streben nach Erfolg nicht aus. Auch müssen wir immer davon ausgehen, dass im Einzelnen unterschiedliche Sozialcharakterstrebungen in unterschiedlicher Stärke am Werk sind. Dennoch ist es spannend zu sehen, wie das für den ich-orientierten Charakter typische Streben nach Selbstbestimmung immer mehr an Boden gewinnt. Auch ist im Auge zu behalten, dass die mit der digitalen Revolution ausgelöste Dynamik in anderen Kulturkreisen ganz andere Auswirkungen haben kann.

22

Die mentale Neukonstruktion des Menschen

Sie haben zwei Bücher zum ich-orientierten Charakter geschrieben, die ich ins Arabische übersetzen konnte, das Buch ‹Ich und Wir› und das Buch ‹Der entgrenzte Mensch›. Was hat Sie zum zweiten Buch veranlasst?

In *Ich und Wir*, dem ersten Buch, ging es mir um eine detaillierte Beschreibung des Verhaltens und der Charakterzüge dieses neuen Sozialcharakters in Abhängigkeit von der neuen digitalen Technik. Ich habe darin übrigens zwischen zwei Arten der selbstbestimmten Ich-Orientierung unterschieden: dem *aktiven* und dem *passiven* ich-orientierten Charakter.

Der *aktive* will Wirklichkeit kreativ selbst neu schaffen, während der *passive* an derart neu geschaffener Wirklichkeit selbstbestimmt Anteil haben will. Der passive Typus sucht also die Mode, den Stil, die Musik, die religiöse oder politische Botschaft, die zu ihm passt. Seine Ich-Orientierung zeigt sich darin, dass er *selbstbestimmt* die zu ihm passende, von anderen erzeugte Wirklichkeit wählt, während der aktive immer auch ganz kreativ Wirklichkeit in Gestalt von Ideen, Gedanken, Geschichten, Techniken und Organisationsformen, aber auch von Gefühlen und Reaktionen erfindet. Wenn es darum geht, auch Gefühle und emotionale Reaktionen neu zu erfinden, dann will man damit auch den Menschen und seine Kognitionen, Imaginationen und Emotionen neu erfinden. Dies ist vor allem das Thema des Buches *Der entgrenzte Mensch*.

Wenn ich es richtig verstehe, haben Sie Bedenken, den Menschen auch hinsichtlich seiner mentalen Fähigkeiten neu erschaffen zu wollen. Stimmt das?

Ja, dies war der Hauptgrund zum Buch *Der entgrenzte Mensch.* So segensreich die Möglichkeiten sind, Begrenztheiten durch Raum und Zeit, kaum nachvollziehbare Ordnungsstrukturen, Ländergrenzen oder auch Traditionen zu beseitigen und durch Techniken der Simulation und Virtualisierung zu überwinden, so bedenklich ist das Simulieren, wenn es um die direkte menschliche Kommunikation und um das Erleben der eigenen mentalen Kräfte geht. Das Streben nach Entgrenzung und Entbindung führt dann dazu, dass auch das begrenzte Denken und Fantasieren *ent-grenzt* wird, vor allem aber von den immer positiv *und* negativ erlebten Gefühlen anderen und sich selbst gegenüber *ent-bunden* wird.

Wie muss man sich dies vorstellen?

Indem man alle Vorstellungen und Gefühle zu verdrängen versucht, die einen spüren lassen, wie begrenzt man ist oder wo man merkt, dass man auch wütig, aggressiv, eifersüchtig, neidisch, rivalisierend oder depressiv, stinkig, gelangweilt, desinteressiert und fantasielos ist. Man übt sich darin, sich und andere nur noch positiv zu erleben, äußert sich nur noch wertschätzend, lobend, gut gelaunt, anerkennend, unterhaltsam, interessiert, empathisch – ohne dass dieses Verhalten noch etwas mit den eigenen Gefühlen und Stimmungen zu tun hat.

Entweder simulieren wir eine neue Persönlichkeit oder wir suchen nur noch Gelegenheiten, bei denen wir an solchen simulierten Persönlichkeitsaspekten Anteil haben können. Der entscheidende Punkt bei allen Simulationen aber ist, dass wir das Simulierte als die echte und reale Wirklichkeit wahrnehmen. Die Menschen merken es gar nicht mehr, dass sie simulierte Gefühle haben – so wie man eben bei einem guten Flugsimulator auch nicht mehr merkt, dass es sich nur um einen simulierten Flug handelt.

Aber was ist daran so schlecht? Hauptsache wir sind uns nicht mehr böse und fühlen uns nicht mehr schlecht.

Bei jedem Menschen haben sich im Laufe des Lebens begrenzte eigene Fähigkeiten zu denken, zu fühlen, zu fantasieren, zu urteilen und zu handeln entwickelt. Werden diese mentalen Eigenkräfte nicht mehr praktiziert, dann atrophieren sie und stehen einem bei der Bewältigung des Lebens immer weniger zur Verfügung. «Use it or lose it», sagen die Hirnforscher.

Je mehr die produktiven Eigenkräfte de-aktiviert werden, desto wichtiger wird die Simulation von Wirklichkeit und die Abhängigkeit von simulierten Wirklichkeiten. Menschen spüren dann immer weniger eigenes Interesse, sondern müssen erst interessiert gemacht werden; sie spüren keine eigene spontane Aktivität mehr, sondern müssen mit Erlebnisangeboten animiert werden; Menschen wollen nichts Negatives mehr fühlen und können sich nicht mehr zur Wehr setzen bzw. müssen immer mehr in virtuellen Parallelwelten Zuflucht nehmen. All dies sind psychologisch gesehen sehr bedrohliche Folgen für ein psychisch gesundes Selbsterleben und Miteinander.

Wie kann einer solchen Entwicklung entgegengesteuert werden?

Es ist mir wichtig zu betonen, dass die Gefahr einer solchen menschlichen Verarmung keine unmittelbare Folge der digitalen Revolution ist, sondern nur ein wichtiger Aspekt des neuen ich-orientierten Sozialcharakters. Dieser nämlich verlernt, zwischen dem, was für den Menschen hilfreich ist und was schädlich ist, zu unterscheiden, weil er von einem grenzenlosen Entgrenzungsstreben geritten wird, das vor nichts Halt macht.

Wenn es um unsere körperlichen Eigenkräfte geht, haben wir die Lektion gelernt: «Wer rastet, der rostet», weshalb wir eigene Anstrengungen unternehmen, Muskelkraft und Ausdauer zu trainieren. Das Gleiche gilt es zu praktizieren, wenn es um unser eigenes Denken, Fühlen und Fantasieren geht. Aber diese Lektion haben wir, so fürchte ich, noch nicht gelernt, um uns mental fit zu halten.

23

Der Weltbürger Erich Fromm

Fromm wurde in Deutschland geboren, lebte 16 Jahre in den USA, dann 23 Jahre mit Hauptwohnsitz in Mexiko und schließlich noch sieben Jahre in der Schweiz. Wie hat Fromm diese verschiedenen kulturellen und sozialen Welten erlebt?

Jeder Wechsel des Lebensraumes hatte bei Fromm besondere Gründe und auch besondere Wirkungen. Die Emigration 1934 war bereits durch einen Aufenthalt zu Vorlesungen in Chicago im Jahr 1933 etwas vorbereitet. Fromm lebte von 1931 bis 1934 wegen einer Lungentuberkulose in der Schweiz. Nach der Machtergreifung Hitlers im Januar 1933 war eine Rückkehr nach Deutschland lebensgefährlich.

Es fällt aber auf, wie sehr Fromm die Emigration nach New York nutzte, um ganz rasch neue wissenschaftliche Kontakte zu knüpfen. Bereits ab 1938 veröffentlichte er nur noch in englischer Sprache. Er fühlte sich in den USA zuhause, hatte unabhängig davon, wo er später lebte, immer in New York eine Wohnung und war darauf bedacht seine amerikanische Staatsbürgerschaft nicht zu verlieren, als er in Mexiko und später in der Schweiz lebte.

Was war der Anlass, nach Mexiko zu gehen, und wie wirkte sich die andere Kultur Mexikos auf Fromm aus?

Der Anlass für diesen Umzug im Jahr 1950 war die schwere Erkrankung seiner zweiten Frau Henny. Diese litt an furchtbaren

Schmerzen auf Grund einer Arthritis, die in dem anderen Klima Mexikos geringer waren. Fromm suchte auch hier die neuen Möglichkeiten zu nutzen, als ihm ein Lehrstuhl für Psychoanalyse an der Nationalen Autonomen Universität von Mexiko angeboten wurde. Damit bot sich ihm die Gelegenheit, Mediziner zu Psychoanalytikern auszubilden und die Psychoanalyse in Mexiko bekannt zu machen.

Das psychologische Interesse Fromms am sozialen Leben anderer Kulturen hatte ja wesentlich dazu beigetragen, dass sich Fromm von der Triebtheorie Freuds abgewandt hatte. Hier in Mexiko stieß er auf uralte Kulturen und deren Vermischung mit den spanischen Machthabern und Einwanderern. Dies schärfte Fromms Blick für die Entfremdung in den modernen Gesellschaften, vor allem für jene in den Vereinigten Staaten. Und es verstärkte die Ahnung, dass es die existenziellen Fragen der Menschen sind, die sie verbinden und gleich machen, und nicht ihre unterschiedlichen kulturellen Antworten.

Warum kehrte Fromm am Ende seines Lebens nach Europa zurück?

Auch diese Veränderung seines Wohnortes wurde durch gesundheitliche Probleme veranlasst. Im Dezember 1966 erlitt Fromm am Tag, bevor er auf der größten amerikanischen Demonstration gegen den Vietnamkrieg in New York eine Rede halten sollte, einen Herzinfarkt, von dem er sich nur langsam wieder erholte. Es war vor allem die Meereshöhe von Mexiko-Stadt mit 2.200 Metern, die dem herz- und lungenkranken Fromm das Leben in Mexiko schwer machte.

So verbrachte er mit seiner Frau Annis ab 1967 das Sommerhalbjahr bereits in Europa und in den Folgejahren meist in Locarno auf 200 Meter Meereshöhe. Im Winter 1973 entschieden sich beide, nicht mehr nach Mexiko zurückzukehren, sondern die letzten Jahre ihres Lebens in Locarno zu verbringen.

Sicher haben die verschiedenen Wohnorte dazu beigetragen, dass Fromm immer das Schicksal der Menschheit im Blick hatte und er sich als Weltbürger verstand. Was hat noch dazu beigetragen?

Das beginnt bereits damit, dass er in einem Judentum groß wurde, das über fast 1900 Jahre lang keine nationale Identität kannte, sondern gezwungen war, sich in den unterschiedlichsten Lebensräumen zuhause zu fühlen. Bei Fromm kommt sicher dazu, dass er einen ungebremsten Wissensdrang hatte, der sich aber nicht in eine Spezialisierung verlor, wie dies heute üblich ist. Vielmehr versuchte er mit den Grundfragen und Forschungsergebnissen in den verschiedenen Wissenschaftszweigen vertraut zu werden und diese Erkenntnisse miteinander zu verbinden. Von dorther rührt Fromms universale Gelehrtheit.

Für mich lässt sich das Besondere des Weltbürgers Fromm am besten daran erkennen, dass er ein lebenslanges und tiefes Bedürfnis hatte, das Fremde und Andere kennen zu lernen. Dieses Bedürfnis zeigte schon der jugendliche Fromm mit seiner Begeisterung für das Talmudstudium, bei dem er unterschiedlichste Deutungen der Hebräischen Bibel kennen lernte; es folgte der Student, der Soziologie und Psychoanalyse zu einer interdisziplinären Sozialpsychologie verband.

Immer geht es um das Fremde und Andere, wie es einem in den verschiedensten Spielarten des Menschen dieser Welt entgegentritt. Aber nicht genug damit: Für den Psychoanalytiker Fromm galt es, das Fremde und Andere auch im eigenen Unbewussten zu entdecken. Der tägliche Umgang damit bei der psychotherapeutischen Arbeit und eigener Meditation und Selbstanalyse hat ihn mehr und mehr dazu gebracht, dass ihm (fast) nichts Menschliches mehr fremd war. Das ist der wahre Grund seiner Menschheitsliebe, die einen Weltbürger auszeichnet.

Namen- und Begriffsregister

IMPRESSUM

Verlag
ZEUYS BOOKS
St. Veit 1, 3364 Neuhofen/Ybbs, Österreich
office@zeuys.com   www.zeuys.com
ISBN 978-3-903893-14-6